占星術が教えてくれる相性のひみつ

キャメレオン竹田　松村 潔

日本実業出版社

はじめに

「なぜ、あの人とうまくいかないのか」

「あの人と円滑な関係を育むにはどうしたらいいのか」

そのお悩み、「アスペクト」を知れば、すべて解決します！


みなさん、こんにちは。占星術研究家のキャメレオン竹田です。

この人とは、うまくいくのに、あの人とは、うまくいかないってことはありませんか？

Aさんと仕事をするとサクサク進むのに、Bさんと仕事をすると展開が遅くなる。

Cさんといると主導権は自分なのに、Dさんといると主導権がDさんになる。

Eさんといるとリラックスできるのに、Fさんといるといちいちイライラしてしまう。

これらは、占星術で見ていくと、天体と天体の角度、つまり「アスペクト」が関係しています。

たとえば、自分の感情をあらわす天体である「月」に、相手の興奮の天体である「火星」が、唐突に割り込んでくる「90度」の角度でかかわった場合、その人といるとイライラしやすくなります。

自分の仕事や人生の方向性を意味する「太陽」に、拡大・発展を意味する天体である相手の木星が重なっている（＝0度の）場合、その人といると仕事のチャンスや未来が広がったりすることも……。

つまり、**「アスペクト」を知ることで、うまくいく相性や、うまくいかない相性の原因を探ることができてしまう**のです。

本書では、占星術界の重鎮である松村潔先生に占星術の奥深い世界についていろいろご説明いただきつつ、わたくしキャメレオン竹田がコメントを入れながら「相性のひみつ」について深掘りしてまいります。

それでは、**相性占星術の世界へようこそ！**

キャメレオン竹田

占星術が教えてくれる　相性のひみつ　目次

4章★相性を見るときのアドバイス

デザイン／吉村朋子　イラスト／キャメレオン竹田　組版／一企画

序章

「相性」の良し悪しはなぜ生じるのか

そもそも「相性がいい」とか「相性が悪い」とはなんぞや？

わたしは**相性で一番大事なのは「自分との相性」**だと思うんですよね。「自分との相性がいい状態」でいると、自分が自分として生きていることに心地よさを感じることができる。逆に、「自分との相性が微妙になった状態」になると、生きていることに不満を覚えます。

この場合、誰か別の人、たとえば家族などに自分のホロスコープの天体を使ってもらいながら過ごしていることが多い。つまり投影。相手に責任転嫁しちゃうんですよね。ただ、これでは周りに振り回されるサイクルが生まれてしまいます。自分で自分の責任をとれないのに、第三者に自分の人生を投影したところで、うまくいきません。

まずは、自分の天体をしっかり活かすことで自分を好きになる——。

つまり、自分との相性をＧＯＯＤな状態にする！　それから、人との相性を見ていくといいんじゃないかと！

そして、**人との相性は、自分のホロスコープと他人のホロスコープの化学反応。**「一対一の相性」と、「チームの相性」では、それぞれの持ち味が混じり合うので、相性も変わってきます。

たとえば、2人だと気まずいのに、3人で会うと楽しく過ごせたり、逆に2人で会うと和むのに、3人だとギクシャクするとか……。

占星術で分析していくと、面白いほどにわたしたちが天体の影響を受けていることを知ることになります。

松村先生は、普段、相性をどのようにチェックされていますか？

基本は、**出生図の比較で相性のパターンはわかる**でしょう。

天体のあるサイン（12星座、50〜66ページ）の性質の比較。天体のアスペクト（第3章）。双方のハウス（67〜78ページ）に相手の天体がどう入るか。相性の変化は、天体の進行や経過（下の補足参照）の度合いなどによって予想する。

いずれにしても、細かく見ていくとごちゃごちゃしてきます。で、わたしはよく10個の天体（月、水星、金星、太陽、火星、木星、土星、

ホロスコープについて

ホロスコープには、
①出生図
②進行図
③経過図（トランシット図）
などがあります。

①は、生まれたときの天体の動きをあらわす図で、その人の生まれつきの傾向がわかります。

②は、松村先生いわく「体内時計」のことで、自分の内面の変化をあらわす図になります。その人がいま、どういう位置にいるかは進行図で見ます。

③は、現在、天を移動している天体を示した図で、時事的な天体の動きがわかります。

天王星、海王星、冥王星）を1つずつ点検します。

具体的には、まず、Aさんの月に対して、Bさんの月から冥王星までがどうかかわってくるかをチェックする。次はAさんの水星に対して、Bさんの月から冥王星までがどうかかわってくるかチェックする、というように。

自分と相手の天体がどんな化学反応を起こしているかを探る――。これぞ占星術の醍醐味！

そして、先ほど松村先生がちらりといわれたように、天体と天体の間に成立する角度「アスペクト」を見ていくと、お互いの相性がかなり深く探れますよね。

この本では鑑定などでよく使う次のメジャーアスペクトにしぼって見ていくつもりです。

- **0度**（コンジャンクション）
- **60度**（セクスタイル）
- **90度**（スクエア）
- **120度**（トライン）

代表的なアスペクト

代表的なアスペクトには、①0度、②60度、③90度、④120度、⑤180度の5つがあります。

このうち、②60度と④120度は「イージーアスペクト」、③90度と⑤180度は「ハードアスペクト」と呼ばれています。

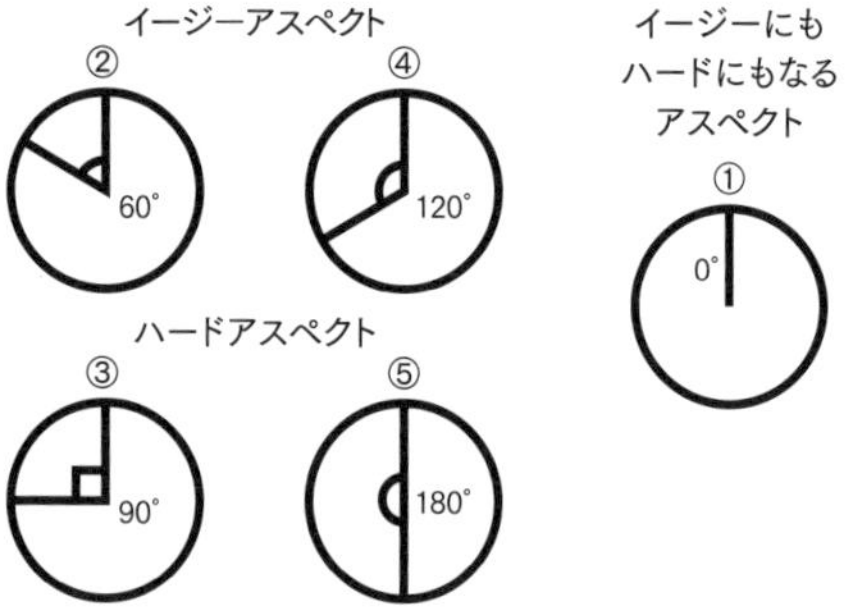

・180度（オポジション）

ちなみに、60度と120度はイージーアスペクト、90度と180度はハードアスペクトといわれています。

相性のいい悪いは、人が何を求めているかによって答えが違ってくる。なので、なかなかわからない。

たとえば、男性の火星に対して、女性の土星がハードなスクエア（90度）のアスペクトだと、男性はやる気を失うケースもあり、この男女が結婚すると、男性は仕事をしなくなったりすることも。

ただ、男性が「がつがつ仕事をせず、おとなしく暮らしたいタイプ」だった場合、このアスペクトはクールダウンする性質なので、うまく利用できる。テストステロン（男性ホルモン）が急激に減少するような感じです。

一般的にトライン（120度）の関係は「よいアスペクト」といわれているけど、たいてい退屈で、面白くない相手ということもある。でも、癒し効果がある相手なので、「自分が落ち込んでいるときは癒されるけど、元気なときは退屈に感じる」関係。

出会っても何ひとつ進展しない関係は、こうしたトライン（120度）のようなイージーなアスペクトであるケースが多い。

逆に、**「あの人と出会ってわたしの人生、変わりました」というケースは、スクエア（90度）のようなハードなアスペクトが多い。**たとえば、女性の冥王星が男性の太陽にスクエアだったりすると、結婚後に男性は職業を変えたりもするけど、これ、いいか悪いかはわからない。

以前、トランシットの冥王星が、出生図の太陽に90度で来たタイミングで芸能界をやめたタレントさんがいました。**冥王星は丸ごと変わるという影響！**　夫婦の場合、妻の冥王星の影響によって夫の人生が破壊&創造されることもありますね。

太陽は人生の発展とか未来を作るみたいな作用で、この時に、**自分の太陽に対して、ハードな関係の天体を持っている相手がそんなに悪く見えないのは、自分が知らない可能性を相手が知ってるんだなと思うからです。**

こういう場合、先にサイン（12星座）で傾向を読む。

たとえば、個人的な生活の好みをあらわす月の性質は、あまり人前ではむき出しにしない。でも、結婚すると、どうしてもそれは相手に対してむき出しになる。

で、サイン（12星座）によって好みがあるので、牡牛座の人が「おいしい食べもの食べたい」と思っても、水瓶座の人は、「グルメに興味もってどうするの？」とあまり反応しないかもしれない。そのあたりはサインの違いで分析していくといいかも。

とはいえ、**アスペクトが角度的に鋭い「シャープな関係」**だと、**サインの影響よりも強く働きます。**

まずは自分のホロスコープを作って、どの星座に、どんな天体が、どんなアスペクト（角度）をとって入っているか確認する。それから、気になる人のホロスコープも同じように確認する。さらに、お互いの天体がどのような作用をし合っているか確認する――。

1章以降で解説する、10天体、三区分、四元素、12サイン、12ハウス、アングル、メジャーアスペクトと、**「占星術の部品」**の解説を読**み進めていけば、「相性のひみつ」がつかめる**ことになります。

ホロスコープを作りましょう

ホロスコープの作り方として、まずここではインターネット上にある無料サイト**「アストロ・ドット・コム」**を利用して作る方法を紹介します。

＊本書は２０１８年１月現在の情報をもとに解説しています。

①
サイト（https://www.astro.com/horoscope/ja）にアクセスします。

②
上側のメニューバーにある「無料ホロスコープ」から「出生図、上昇点（アセンダント）」をクリックします。

③
「ここをクリックしてデータ入力ページに進んで下さい。」をクリックします。

【記号の説明】10天体
☉＝太陽　☽＝月　☿＝水星　♀＝金星　♂＝火星　♃＝木星　♄＝土星
♅＝天王星　♆＝海王星　♇＝冥王星

【記号の説明】12サイン（星座）
♈＝牡羊座　♉＝牡牛座　♊＝双子座　♋＝蟹座　♌＝獅子座　♍＝乙女座
♎＝天秤座　♏＝蠍座　♐＝射手座　♑＝山羊座　♒＝水瓶座　♓＝魚座

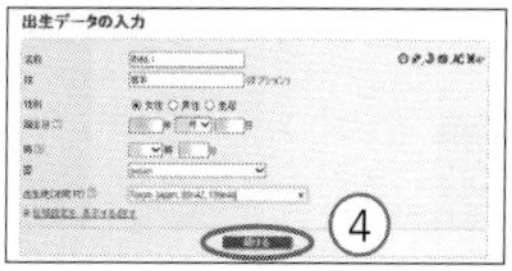

④
「出生データの入力」の画面で、ホロスコープを作りたい人のデータを入力します。出生時間は母子手帳を見るなどして正確な時間を確認しますが、不明な場合は、その対処法として午後0時（12：00）にします（ただし、この場合、正確な時間ではないため、誤差が生じることを考慮しなければなりません）。次に、下側にある「続ける」ボタンを押します。

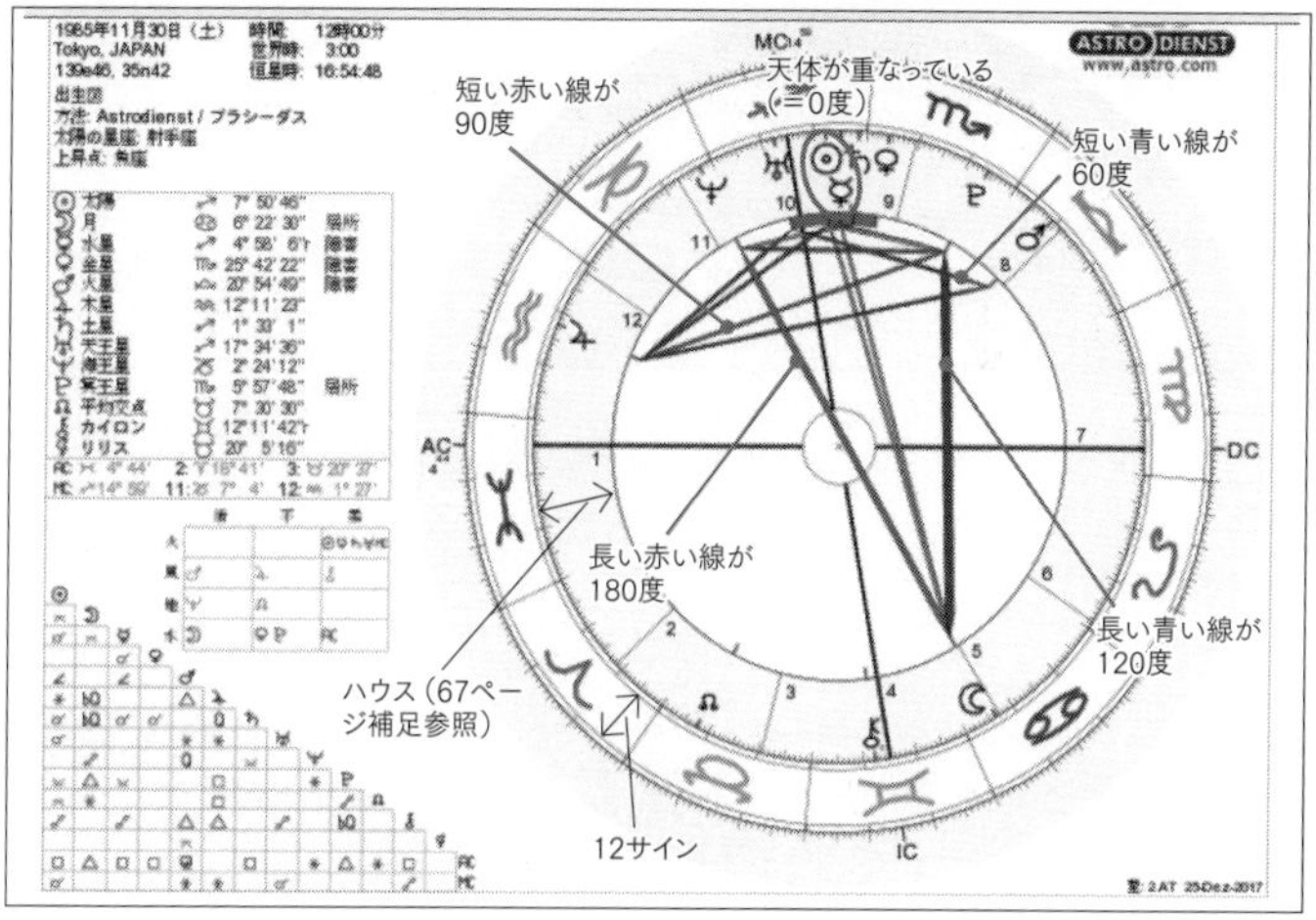

⑤
ホロスコープが表示されます。本書の画像はモノクロになっていますが、実際はカラー表示されているので、線の色を見て判断してください。
0度：目視で判断（天体が重なっていたら0度）
60度：短い青い線
90度：短い赤い線
120度：長い青い線
180度：長い赤い線
たとえば、このホロスコープの人は水星（☿）と太陽（☉）が重なっている（＝0度）ので、124ページにある「水星と太陽」の0度の🧍のマークの意味をチェックして、「個人の性質」を判断していきます。
※本書では主要アスペクト（0度、60度、90度、120度、180度）のみ扱っています。

上記ホロスコープの分析例
☿ ☉ 0度（重なっている）→水星と太陽0度→124ページ🧍チェック
♂ ♅ 60度（短い青い線）→火星と天王星60度→168ページ🧍チェック
♃ ♇ 90度（短い赤い線）→木星と冥王星90度→179ページをチェック
☽ ♇ 120度（長い青い線）→月と冥王星120度→121ページ🧍チェック
☽ ♆ 180度（長い赤い線）→月と冥王星180度→119ページ🧍チェック

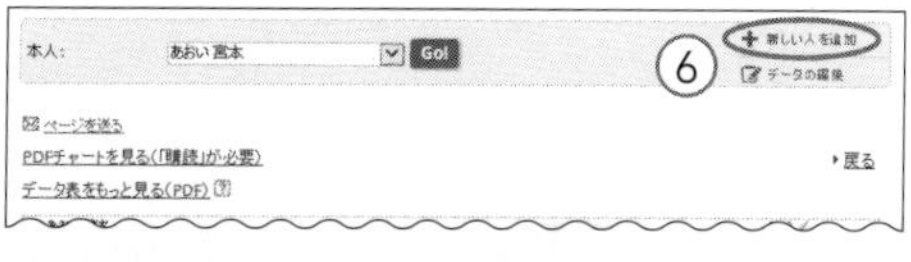

⑥
右上にある「＋新しい人を追加」を押せば、新しいホロスコープをどんどん作成していけます。

二重円（相性図）を作る場合

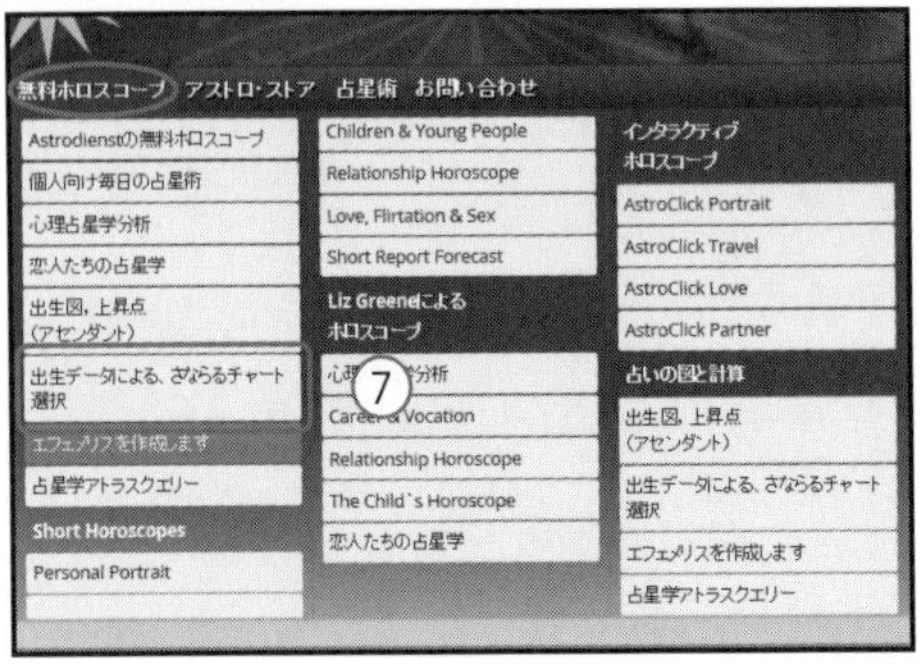

⑦
「無料ホロスコープ」から「出生データによる、さらなるチャート選択」をクリックします。

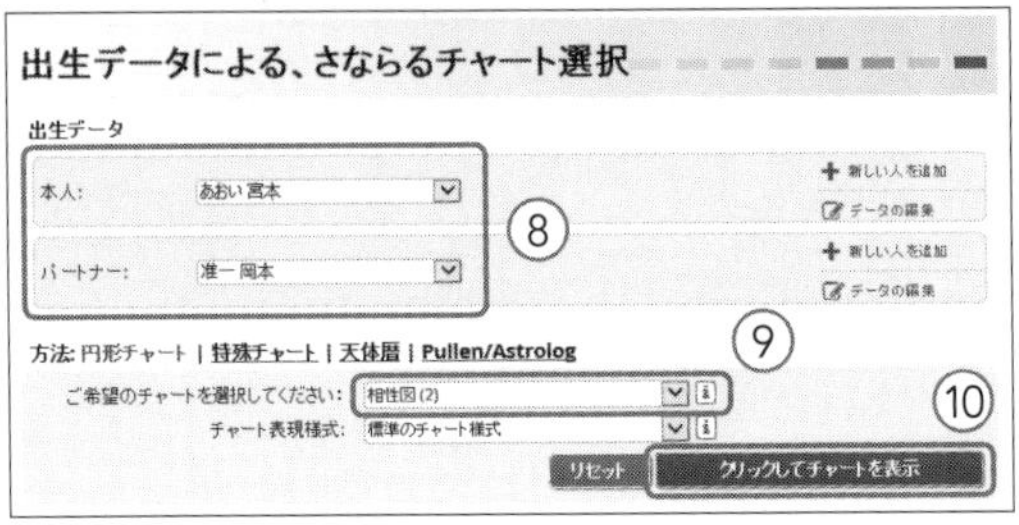

⑧
本人とパートナーを誰にするかを選びます。

⑨
「方法」のところにある「ご希望のチャートを選択してください」の「出生図」となっているところを「相性図(2)」にします。

⑩
「クリックしてチャートを表示」をクリックします。

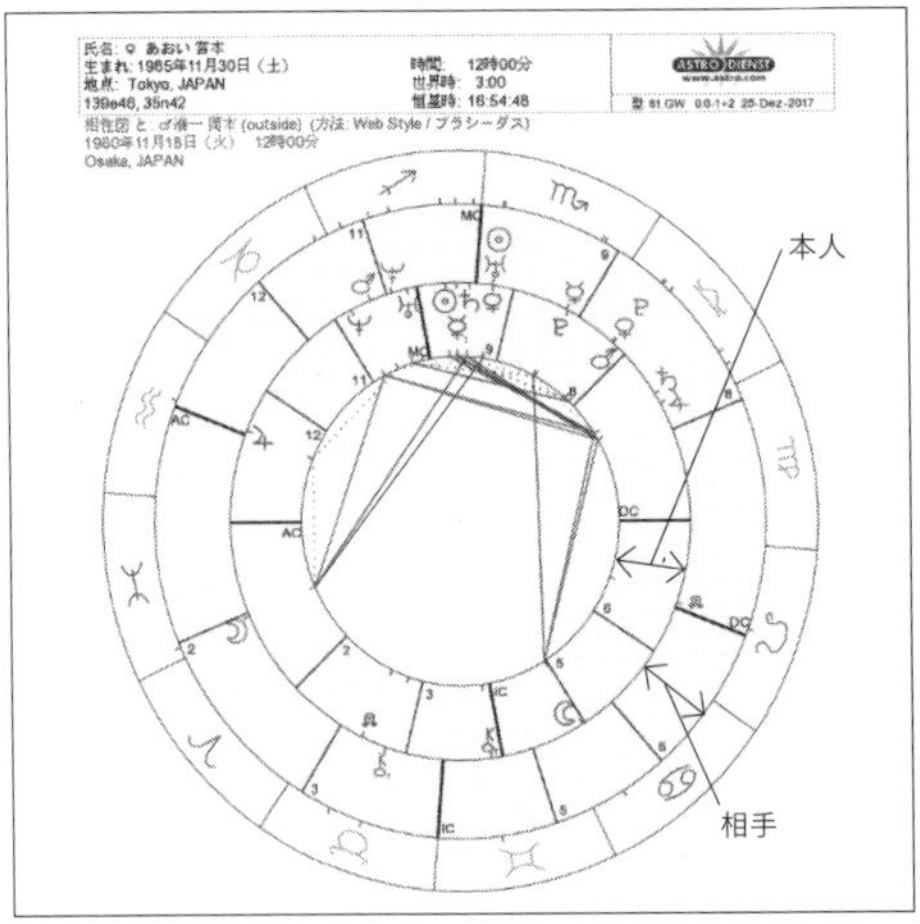

⑪
内側が本人、外側が相手の二重円（相性図）ができあがります。

【記号の説明】12サイン（星座）

♈＝牡羊座	♎＝天秤座
♉＝牡牛座	♏＝蠍座
♊＝双子座	♐＝射手座
♋＝蟹座	♑＝山羊座
♌＝獅子座	♒＝水瓶座
♍＝乙女座	♓＝魚座

⑫
「データ表をもっと見る」をクリックします。

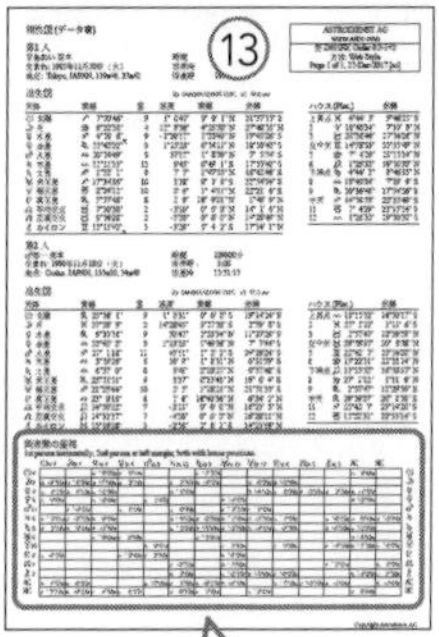

⑬
表があらわれます。

⑭
ここにあるマークでアスペクトを確認することができます（横が本人、縦が相手の天体）。

両者間の座相　　横が本人の天体　　⑭

1st person horizontally, 2nd person at left margin; both with house positions.

縦が相手の天体

	☉in 9	☽in 4	☿ in 9	♀ in 9	♂in 8	♃ in 12	♄ in 9	♅in 10	♆in 10	♇ in 8	☊in 2	⚷ in 3	AC	MC	
☉ 9			☌ ' 9°02a	☌ 0°14a			☌ ' 5°37a						□ ' 8°48a		☉
☽ 2	△ '-9°53a	□ ' 8°24a	△ '-7°00a	△ 2°16s		∠ 0°47s	△ -3°35a		□ -4°26a	bQ '-2°00a					☽
☿ 9	⚺ 1°15s	△ 0°13a	⚺ '-1°38s			□ ' 5°35a			∗ '-4°12s	☌ 0°38s	☍ -2°21a	bQ 0°24s	△ -1°52s		☿
♀ 8	∠ 0°09a		∠ '-2°44s		☌ 1°47s			∗ '-5°07s					⚻ '-2°58s		♀
♂ 11		☍ '-9°21s		⚺ 1°19a		∠ 0°10a		☌ ' 9°27s	☌ ' 5°23a						♂
♃ 8	∗ ' 3°51s	□ -2°23s	∗ 0°59a			△ ' 8°12a	∗ -2°26s	Q ' 1°35a	□ -1°35s	⚺ ' 1°58a		△ '-8°12a	⚺ 0°45a	Q '-1°01s	♃
♄ 8	∗ 1°14s	□ 0°14a	∗ -1°39s			△ ' 5°34s	∗ '-5°04a	Q '-1°02s	□ -4°13s	⚺ -0°39s		△ '-5°35a	⚺ '-1°53s		♄
♅ 9			☌ ' 9°06a	☌ 0°09a			☌ ' 5°41s						□ ' 8°52a		♅
♆ 10					∗ 0°31a			☌ 3°51a		∠ 0°28a		☍ '-9°14s	Q ' 1°18a	☌ ' 6°27a	♆
♇ 8	∠ -0°10a			⚺ ' 2°42s	☌ 2°05a			∗ '-5°26a							♇
☊ 7						☍ -2°21a		△ ' 3°02s				∗ ' 2°21a		△ 0°26s	☊
⚷ 3						□ 3°08a		⚺ '-2°15s	⚻ '-2°05s	☍ '-9°22a			Q '-1°25s	⚺ 0°20a	⚷
AC	∗ ' 5°25s	bQ -0°53s			△ '-7°39a	☌ 1°04s	Q -0°17a	∗ '-4°19a		□ ' 7°18s	□ '-4°19s	△ -1°04s		∗ -1°43a	AC
MC	☌ ' 7°51a	bQ -0°23a	☌ 4°58a	☌ 4°17s		Q 0°12a	☌ 1°33a		⚺ ' 2°25a				□ 4°44a		MC

本人（女性）の火星（♂）と相手（男性）の金星（♀）が0度（コンジャンクション）→140ページにある「金星と火星」の0度の👫のマークの意味をチェックして、「相性（2人の関係）」を判断していきます。

【記号の説明】10天体

☉＝太陽
☽＝月
☿＝水星
♀＝金星
♂＝火星
♃＝木星
♄＝土星
♅＝天王星
♆＝海王星
♇＝冥王星

【記号の説明】主要アスペクト

☌＝0度(コンジャンクション)
⚹＝60度（セクスタイル）
□＝90度（スクエア）
△＝120度（トライン）
☍＝180度（オポジション）

ちなみに、松村先生とわたくしキャメレオン竹田は、昔から技術評論社から発行されている書籍『新版 Stargazerで体験するパソコン占星学』に付属されているパソコンソフトを使っています。
『新版 Stargazerで体験するパソコン占星学』
（小曽根秋男 著、技術評論社、本体価格3,980円）
【対応OS】Windows XP(推奨)/2000/ME/98SE
※JAVAで動作するのでMacでも使用可能

そのほか、占星術の有料アプリ「Astro Gold」でもホロスコープを作ることができます。「Astro Gold」で検索をしてみてください。

Astro Gold
（Cosmic Apps Pty Ltd、2018年1月現在、税込4,800円）
【対応OS】macOS、Android

1章

ホロスコープの「部品」を押さえよう

サクッと説明

(1) 10天体

月

相性を見ていくには占星術の「部品」を知ることが大切ですが、まずは月から解説していきますね。

月の公転周期は約27日です。月は、その人の感情や本質、素の状態に関係します。**0歳〜7歳までにインストールされた心模様！** そのほかにも、女性、母親などの意味もあるため、**男性のホロスコープでは月星座にその人の「妻」の像が投影されていることがあります。**

月は蟹座の支配星で、人間の身体でいうと胃袋をあらわすといわれています。

月は公的な生活ではあまり表に出てきませんが、私的な部分での習慣や好みなどは、月の性質が強く反映されます。なので、「公的な生活においての相性」では月はあまり考慮しなくてもいいかもしれません。

太陽系の惑星

太陽の周りを回る星のことを「惑星」といいます。月は地球の周りを回っている「衛星」になります。

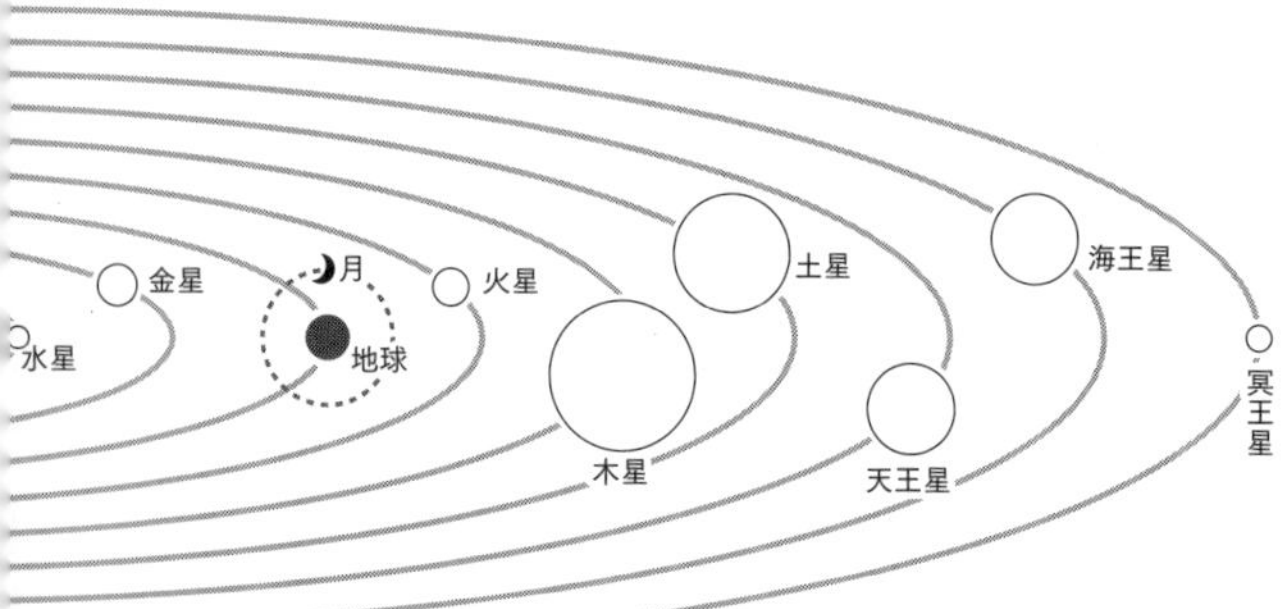

しかし、**結婚したり、個人的な付き合いが長く続く場合には、月の影響を考えたほうがいい**です。困ったときに人に依存したい人もいれば、困ったときに誰にもそばにいてほしくないと思う人もいます。

たいてい月は無意識に発揮されることも多く、本人は無自覚なことが多い。生まれつき「月のアスペクトがリラックスしている人」は、強いストレスに弱い、つまり打たれ弱いというところもあります。**月は努力しない天体**なので、月の影響力が強いと、その人は努力しないで、その場の状況にイージーに流れてしまう場合もあります。

「月のアスペクトがリラックスしている」というのは、たとえるなら、人の手によってやさしく育てられた動物が、野生に戻されたとき、ちょっとしたもので食中毒を起こしちゃう感じというか……。

耐性がない感じですよね。いつも守られている環境なら、いいですけどね！

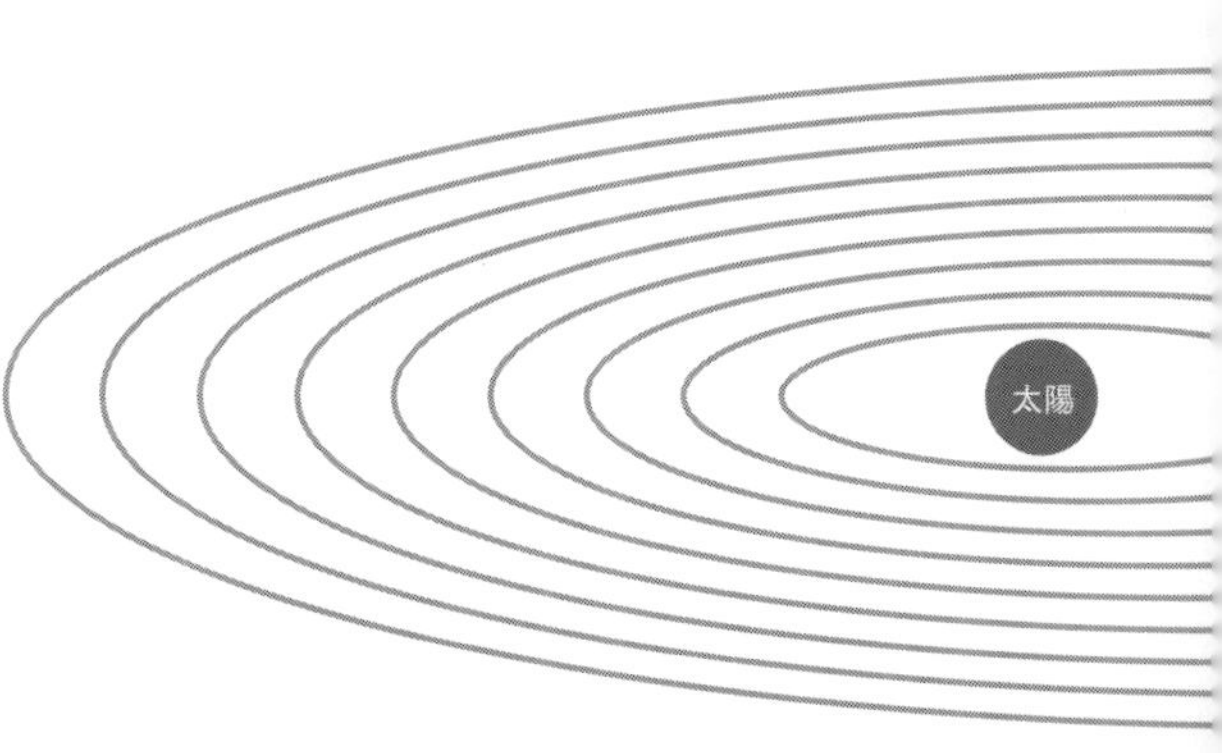

水星

次は水星についてです。

水星の公転周期は約88日。

水星は〝人間のスマホ的機能〟みたいなもので、「話す、書く、伝える、調べる、作業する、工夫する、仕事能力」など、**知性に関係します。7歳～15歳のころに培われた基本的なこまごまとした能力**です。

水星は、双子座と乙女座の支配星ですが、双子座は、話したり、書いたり、伝えたり、調べたりの機能、乙女座は、仕事能力にリンクします。

身体でいうと、肺、手先、神経、感覚器官などをあらわします。

相性部分で水星というのは会話などに関係しますが、同時に神経などにも関係するので、神経に障るケースは、自分の水星に対して相手の天体がハードな場合などに生じやすいです。

「ひと言ひと言が神経に障る人だな～」って思ったら、自分の水星に、相手のどの天体が、どんなアスペクトをとっているか要チェックですね！

職業では、物書き、編集、情報処理などには関係しやすい天体です。

ある編集者は、その人の水星に、交代してきた上司の土星が重なったときには、その人の企画はすべて通らなくなりました。なので、その人は退職して、違う出版社で続々本を出しています。

会話が楽しい相手かどうかを知りたいときには水星のアスペクトを見るといいでしょう。

たとえば、自分の水星に対して、相手の天体が１８０度だと、たくさんしゃべらされます。１８０度というのは「外に出る」というアスペクトなので、何か発表したいときには１８０度の天体の人を連れてくるといいのです。

それいいですね。**口下手な人は自分の水星に対して１８０度に天体がある人を要チェック！**

サクッと説明

(1) 10天体

金星

金星の公転周期は約２２５日。

嬉しい、幸せ、面白い、欲しい、おいしい、趣味、女性性、恋愛、お金、人間関係、美的センスなど、**楽しいこと全般に関係**します。**男性のホロスコープでは、好みの女性のタイプや女性に対する態度に出ることがあります。**

年齢域として金星は15歳〜25歳ころに一番発揮されます。

牡牛座と天秤座の支配星であり、牡牛座は美的センス（クオリティー）やお金、天秤座は美的センス（クオリティーより見た目）、社交性にリンク。金星は身体でいうと腎臓や肌のツヤなどをあらわします。

金星は、天体配置としては地球よりも内側にありますから、楽しさに関係しているといっても、その楽しみ方はダイナミックで冒険的なものではありません。**ささやかで内輪な楽しみ**とい

う感じです。

相手の天体が自分の金星を刺激すると、楽しさは倍増します。エンドルフィンなんかは金星に関係するのかもしれません。

エンドルフィン……。痛みを和らげたり気分をよくしたりする脳内麻薬！

金星は腎臓のほかに「身体のつなぎ目」にかかわります。胎児のとき、腎臓は首にあり、大きくなると腰のつなぎ目に移動します。手首、首、腰など、2つのもののつなぎ目に腎臓が関係し、それは「人と人の関係を楽しむ」という意味に転じます。

金星が一番元気な時期というのは高校生くらいで、「箸が転んでも笑う」という昔のいい方は、そのころに**腎臓が一番元気**だということをあらわしています。

以前、テレビ番組で腎臓の特集をしていました。腎臓が体中にメッセージ物質をおくり、さまざまな臓器と語り合って働きをコントロールしているとのこと。**身体のネットワークの要**だそうです。

サクッと説明
(1)
10天体

太陽

占星術の太陽の公転周期は約365日。**人生の方向性や目的、仕事などに関係**します。**女性のホロスコープでは、太陽星座の役割を夫に投影したり、結婚を意味することがあります。**

年齢域として25歳～35歳ころに一番発揮されます。太陽は獅子座の支配星であり、身体でいうと心臓！

占星術で使われている太陽は、実は太陽ではなく、「地球から見て1年で1回転する太陽」。つまりは「地球」を投影したものです。したがって、**「真実の太陽の性質」はその人の表面に、どこにもあらわれていない。**

いい方を変えると、「地球生活においての創意工夫」「人生を積極的に作り出すこと」「未来を生むこと」。「地球に生まれてきたからには、何か新しいことをしよう」ということです。

この世にせっかく生まれてきたからには、人生をどんどん積極的に創造していきたいので、**太陽の星座の性質はしっかり使っていきたいですね。**

心臓は身体全体から血液が取り込んだ情報を統合化します。統合化の力がとりわけ必要なのは、肺が持ち込んだ雑多な情報をまとめられるかどうかです。

統合化できない場合、その人はばらばらになり、また人生は疑惑だらけになります。太陽は、それをまとめ、積極的に再構築します。

10天体の総指揮者ですね！

相手の天体が自分の太陽に圧迫をかけ過ぎると、「その人の包容力を試す」みたいなことになります。太陽の弱い人は、太陽の強い人にぶらさがりたい。

人ってエネルギーが高い人のところに集まりたくなりますからね。

サクッと説明
(1)
10天体

火星

火星の公転周期は約687日。怒り、やる気、行動力、活力、稼ぐ力、攻めの姿勢、スポーツ、熱量、戦い、筋肉、男性性、こんなふうに愛したい、炎など**熱くなることに関係**します。

女性のホロスコープの場合、好みのタイプの男性、男性に対する態度などをあらわすことがあります。

年齢域でいうと35歳~45歳ころに一番発揮されます。

火星は牡羊座の支配星で、身体でいうと、筋肉、血液、鉄分、胆汁などに関係します。

火星は地球のすぐ外側にあるので、「いつもよりも、ちょっと範囲の大きなところに冒険したい」という意志です。

地球の内側か、外側かで範囲が小さめか、大きめかがわかるのって面白いですね。

基準値をあげることに貢献するので、**時々無理をすることで、その人の器が大きくなっていきます。**

整体でいうと、「関節をちょっと痛いくらいに伸ばしたほうが可動域が広がる」といった感じですね！

火星にいつもスイッチが入っていると、四六時中、無理なことばかりで息苦しい。なので、わたしは「1週間に2時間スイッチが入ればいい」といってます。1週間に12時間以上だとアスリートになってしまう。

ウルトラマンも3分以上戦い続けるのは辛いですもんね。

火星は身体では胆汁と関係しますが、胆汁は油を分解します。油とは、現状維持とか、守りとか、ときには怠慢を作り出しますから、これを火星は分解してエネルギーに変えてしまう。

ダイエットには火星が欠かせませんね。スリムになりたい人は火星に注目を！

サクッと説明

(1) 10天体

木星 ♃

木星の公転周期は約12年。木星は拡大・発展の天体で、増やしたり、広げたりするのが得意です。よく出ればスムーズに広がるし、悪く出ればルーズになったり、余計なことばかり増えていくことも。

年齢域でいうと45歳～55歳ころに一番発揮されます。木星は射手座の支配星で、身体では肝臓や大腿部などに関係します。

木星のことを「幸運の天体」とする説があります。ただし、これはケースバイケースです。

というのも、貧しい時代にはお腹がいっぱいになるまで食べることが幸せなことでしたが、現代で食べ過ぎれば「成人病まっしぐら」です。

良くも悪くも、とにかく増える感じ！

増えることは事実です。

出生図の水星の場所に、いま現在、天を動いている木星がくると、たくさんしゃべるとか、たくさん本を読むとかになる。

出生図の金星の場所に、いま現在、天を動いている木星がくると、金星はおうし座の支配星でお金をあらわすから、収入が増えます。でも、使うお金も増えることにもなります。

相手の木星が、あなたの2ハウス（お金を生み出すハウス。2ハウスについては68ページで詳述します）に来ると、相手の人はあなたにお金をたくさん落としてくれます。

ここだけの話、わたしがお仕事で関わる人は、自分の2ハウスに、相手の木星が入る人を自然と選んでいます！

土星

土星の公転周期は約30年。規則的、ルール、管理力、維持力、プロ意識、常識的な、ブレーキ、遅らせる、減らす、冷やす、固めるなどの意味を持ちます。

まとめたり形にしたりする天体で、確立できるまでに時間がかかったり、苦手意識を持ったりしますが、**一度形にしたことは安定して維持する力を発揮**します。年齢域でいうと55歳～70歳ころに一番輝きます。

土星は山羊座の支配星であり、身体でいうと、骨、皮、歯などと関係しています。

土星は有機体を守る壁みたいなもので、その人を外界から切り離します。なので、定期的に土星の守りは解除しなくてはなりません。

文部科学省が検定する教科書は通常、4年ごとに改訂されます。つまり教科書の土星の守りは4年ごとに刷新されているということです。**土星は不活発ですが、変化しない、というメリットもあります。**

山羊座は冬のサイン。寒くて、乾燥して、動かない。しかし、安定性はある。その支配星が土星です。家は家族を守る。その意味では、家の外壁は土星みたいなもの。中には蟹座（＝月）が入っていて、これが家族です。**月と土星のセットは、まるで不動産です。**

間違ったところに土星が働くと、それは冷えとか硬直を作り出します。間違っていない場所、つまり根幹、外壁などに作用すると、安定感が。不安定な人は土星で締め付けてもらうという手もあります。

人間も、天体も、適材適所が一番輝きますね！　わたしの愛犬は、散歩しているときにリードをきちんと持っていると、すごい勢いでわたしを引っ張っていくのですが、リードを持つ手を緩めていると、不安になるのか、わたしをちらちら見て歩くスピードを落とします。愛犬にとって、このリードが安心する土星の役割。

サクッと説明

(1)
10天体

天王星

天王星の公転周期は約84年。

オリジナル度が高く、**常識やルールを超えたグローバルな価値観を持っている天体。** 近くではなく遠くに広げるパワーがあります。個性的、自立、独自性、普遍性、機械、PC、ネット、システムなどの意味もあります。

水瓶座の支配星であり、身体でいうと神経伝達物質に関係します。

土星がローカルな価値観をあらわす、つまり狭い場所を守っているとしたら、**天王星は、土星のローカル性を思い切り打ち壊してしまうような性質があります。** そして開放します。

ペリー来航的！　あとは、年長者がつい口走る「最近の若いもんは……」という発言も、土星の常識と天王星の斬新さの対比を思い出させてくれます。

土星と天王星の間には**キロン**という小惑星があり（下の補足参照）、それは**「傷」**を意味しますが、土星が天王星を怖がって、過剰に防衛的になったこととキロンは関係があります。

「変化を嫌う」といえば、タロットの「死神」のカードを思い出します。変化に傷つくことはつきもの。でも、変化を受け入れることで夜が明ける！

土星は、ローカルな価値観を守るという意味では、社会の常識や経済など、現状維持をしようとしますが、たいてい天王星はそれを重視していません。

人の一生を80年くらいとすると、天王星の公転周期は84年なので、**人生のサイクルは天王星のサイクルで見るとわかりやすいです。**型破りですが、自由で、オープンです。しかし、身近な関係を嫌うので、相性では「距離感のある関係」を作ります。

美容室でもなんでも〝行きつけ感〟が生じてくるとお店を変えたくなるわたしは天王星的！

小惑星「キロン」

「キロン」は土星と天王星の間に公転軌道を持つ小惑星です。占星術において小惑星は〝オプション扱いの天体〟であり、太陽や月といった10天体よりも重要な役割を持つことはないため、本書では解説を割愛しています。

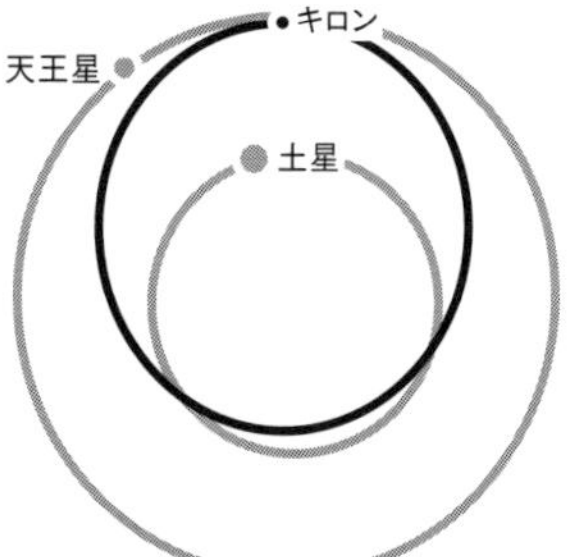

サクッと説明
(1)
10天体

海王星

海王星の公転周期は、約164年。

海王星は時空を超えます。どこからどこまでという境界線がありません。30ページで木星を広げる天体と解説しましたが、**海王星は、木星よりもさらに時空を超えて広げる天体**です。

妄想、イメージ、スピリチュアル、癒し、夢見、芸術的な、お酒、液体、薬物、スキャンダルなどに関係します。

魚座の支配星で、身体でいうと、アレルギー関係や原因不明なこととつながりが深いです。

境界線のない、果てしのない意識の広がりを作り出す海王星は、反対にいえば「時間と空間の限られたところでの活動にはあまり本気でない姿勢」も作り出します。**海王星全開の人は、たとえば待ち合わせをしても、約束の時間にあらわれないでしょう。**

なんだか「時空のおじさん」を思い出します。「時空のおじさん」とは、時空に迷い込んでしまったときに助けに来てくれるおじさんです（笑）。異次元でこちらを監視していると噂されています。

スピリチュアル的な要素は、たいてい海王星を見ればわかります。

スピリチュアルを普通に使えちゃう人って、素の状態である月や言葉や思考の水星などと海王星がかかわっていますもんね！

対人関係では、確実性がなくなり、また現実よりも夢を選ぶみたいなところがあります。自分の出生図の太陽に対して相手の海王星が重なると、振り回されてしまうこともありますが、そもそも海王星の公転周期は164年と遅いので、同世代の人の場合、だいたい似た性質にあります。1つのサイン（サインについては50ページ以降で述べます）に10年くらいは居る（＝164年÷12サイン）のです。

サクッと説明

(1) 10天体

冥王星

冥王星の公転周期は約248年。

丸ごと変わる、**マイナスに出るかプラスに出るか極端**、徹底的にあきらめない、0か100、火事場の馬鹿力、極限状態などをあらわします。

冥王星は蠍座の支配星であり、身体でいうと再生する力などをあらわします。

冥王星は、「太陽系の外との扉」。つまり、「銀河の影響力」を持ちます。

なので、取り入れ口に関するところは、みな冥王星の管轄です。身体では、口とか、鼻、性器、排泄器官などです。

食べものを食べるというのも、なかなか危険度が高いのは、外から異物を取り込むからで、毒物ならその人は死んでしまいます。

いままでのものをぶち壊して、穴をあけてしまうという作用なので、相性で悪く働くと、異常事態になります。よく働くと大改善。なぜなら、これまで慣れ親しんできた生き方や価値観などに「新しい領域への展開」がプラスされるので、大きく発展する可能性もあるわけです。

いずれにしても、冥王星の影響力が強い人は、なんでも極端にしたがります。

「エクストリ〜〜〜ム!!!」。

極端を英語で叫んでみました（笑）。

誰かと一緒にいるとやたら極端な状況になる場合は、相手の冥王星の影響を確認してみるといいですね。

サクッと説明 ⑵ 三区分

活動

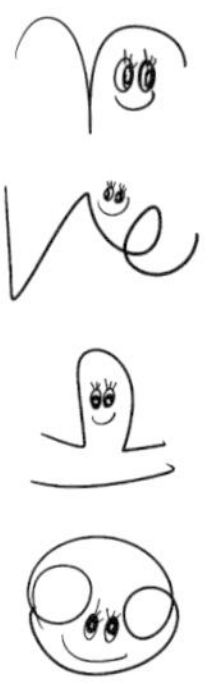

もえ　12星座は、「活動・不動・柔軟」と4星座ずつ3つに区分することができます（**三区分**）。

活動サインは、**牡羊座、山羊座、天秤坐、蟹座**。

松村　活動サインは四元素の**力の発信源みたいなもの**で、受身になりたがらず、自分から働きかけます。いつもアクティブです。

そのかわりに**維持するのは苦手**で、すぐに飽きてしまいます。

もえ　自分や人のホロスコープの天体で活動サインをチェックすると、その特徴がすごくわかりやすいですよね。

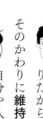

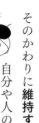

サクッと説明 (2) 三区分

不動

不動サインは、**獅子座、牡牛座、水瓶座、蠍座**。不動サインが多い人は、ルーティン力が優れていますね。

不動サインは維持するだけの執着心があり、続けることに関してはなんの不安もありません。**世界の安定性は不動サインのおかげ。**

しかし、**変化には抵抗感があり対応できない**ので、企業なら創業者を活動サイン、管理者を不動サインにするといい。

サクッと説明

(2) 三区分

柔軟

柔軟サインは、**射手座、乙女座、双子座、魚座。**

調整能力が高く、質を上げることができるものの自分から働きかけるというよりも受けの姿勢。**活動サインは柔軟サインの人を振り回すのが大好き**で、柔軟サインは振り回されて喜ぶ。

振り回されることに快感を覚える人は、自分のどの天体が柔軟サインになっているかチェックすると面白いですね。

サクッと説明 (3) 四元素

火

続いて**四元素**の説明です。12星座は「火・土・風・水」の4つに分類することができます。

火のサインは、**牡羊座**、**獅子座**、**射手座**。原動力はドキドキ・ワクワクで、炎が燃え上がるように、まとまりながら上昇します。

自立して燃えているのは得意ですが、形にするには土、横に広げたりするには風、共感を得るには水など、他の元素の協力が必要。また、しがみつかれると上昇できないので、**束縛を嫌います。**

四元素は行動原理ではなく、世界の四つの構成因子です。火は精神性とか興奮状態とか、上昇していくものをあらわし、上昇していく以上は、細かいことを気にする大地（＝土）から離れていくため、**抽象的になります。**しかし、行き過ぎた段階で土に落とされます。

基本的に反発力があるので、**何かとくっつくよりも、お互いに突き放す姿勢のほうが楽しくなります。**ちなみに、「親しくなるために殴りつける」といった発想をするのは射手座の性質です。

サクッと説明 (3) 四元素

土

土のサインは、**山羊座、牡牛座、乙女座**。落ち着いて生活できるのは土のおかげ。現実的に確認できるもの、つまり形にしたり、お金にしたり、手に職をつけたり、**きちんと具体化できることを重視します。**不動産、お金など形あるものは土の領域です。

よりレベルを上げるには火、いろんな要素を取り入れるには風、結びつきを強くするには水など、他の元素が必要。

土の元素は物質性です。土は、実は、風、火、水、そして土という**四つの元素をすべてコンパクトにまとめたもの。**西欧では、精神的なことを追求する人は、土に否定的ですが、それは間違

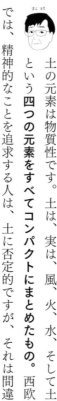

いで、土とは総合性、**オールインワン**という意味なのです。

しかし土には、サイズとか枠があり、この枠の中に全部を入れて、外に対しては閉鎖的になります。自分のメリットが大切になります。大きな土、小さな土、などサイズはいろいろありますから、土の元素だからといって、こじんまりというわけではありません。

サクッと説明 (3) 四元素

風

風のサインは、**天秤座、水瓶座、双子座。新しい情報や面白い人を連れてきてくれるのは、自由に動き回る風のおかげ。**
風のように、横に広がり、自由にのびのびと展開！　いろんな情報を広めたり、拾ってきたり、コミュニケーションしたり。
ただ、**横に展開することは得意**ですが、向上させるには火、形にするには土、信頼を得るには水など、他の元素の協力が必要。風通しのよさ。つまり自由に動き回りたいので、**束縛されることを嫌います。**

風の元素は、知識、情報、思考などをあらわします。土の元素を解体して、この中にあるものを再整理すると考えてもいい。共通のものをまとめていくことを類化、違うものと認識することを別化といいますが、これらを整理していくのが風のサイン。

たとえば、天秤座は対人関係のサインですが、人と話しても、「ここが同じだ」「ここが違う」などと識別していきます。ある角度から見ると、同じものでも、まったく違うものに見えてくる。そういう意味で、発見力なども関係し、**知的な開発力があります。**

サクッと説明 (3) 四元素

水

水のサインは、**蟹座、蠍座、魚座。**愛情や感情が豊かで、心が揺れ動いたことや、**気持ちのつながりを重視**します。気に入ったら結合する傾向があります。コップの中、池、海のように、同化したいので、そういう輪を作りたがります。

でも、自分が共感したものを、レベルを上げるには火、形にするには土、横に広げて展開するには風など、他の元素の協力が必要。

水のサインは、結合力です。つまり**くっつけて一体化すること**から、愛情とか情緒などに関係します。

くっつける性質なので、たとえば火の元素の人が突っぱねてもそれは火の人には気にならないのですが、水の人からすると傷つきます。外面的に見るのではなく、内側から共感によって見ているという姿勢なので、**セラピー的な分野などでは、この元素は必要なもの**でしょう。

水の元素は集団を作り、その中で権力を手に入れます。風や火はばらばらにしてしまうので、なかなか権力とかは手に入りません。

サクッと説明

(3) 四元素

四元素の関係性

火と風は、火は酸素を取り込み、風は酸素を火に送り込む。土と水は、土は水の場所を作り、水は土に潤いを与える。**火**

と水は、水は火を消し、火は水を蒸発させる。**火と土**は、火は土を焼いて、土は火を囲います。**風と水**は、風は水を乾かし、水は風を淀ませる。**風と土**は、風は土を散らばせて、土は風を閉じ込める。

火と風は六角形を作ります（下イラスト参照）。お互いに煽《あお》るので、盛り上がります。しかし違う元素なので、同じことはしません。間接的に協力し合うというようなところです。

火のサインの人は、ほとんど情報力が弱かったり、ときには情弱だったりしますが、風のサインの人がその不足を補います。風のサインはそれ自身ではばらばらになる傾向があり、精神が危機になることも。この場合、火の元素は、自分の熱意でまとめるというようなところで、風の元素は単純さを学び、喜びます。

土と水は六角形を作ります（下イラスト参照）。たとえば家族は蟹座だとします。この家族がまとまるには、家が必要で、硬い壁、がっちりとした場が必要です。これは山羊座が提供します。支配星の土星は壁なのです。土のサインは、水の器になり、水は分散したくないので、土のサインに協力してほしいと思います。

六角形

ホロスコープは「火↓土↓風↓水」の順で一円となります。

これを同じグループにすると正三角形ができます。

さらに、「火と風」「土と水」というように、相性のよいグループを合体させると六角形になります。

土のサインは、乾いてしまうことを、水によって助けてもらいます。**特定の元素が発展するには対立する元素の関係が必要。**そこで90度（88ページ）はもっとも大切なアスペクトだといわれていますよね。

そもそも人間は四元素の総合で生きています。1つの元素にじっとしているわけにはいかない。**仲の悪い元素をどこかで取り入れるとよい**のです。お金は牡牛座で、土のサインがあらわします。

お金を増やすには、拡大原理として獅子座、水瓶座の協力が必要です。ちびちびと貯め込むのならば土の元素だけでいいのですが、ダイナミックに拡大するには、水瓶座の協力が必要です。

資産を運用するというのは、一時的に失うことです。そして大きくして取り戻す。牡牛座は、水瓶座に手放し、そしてまた一回転して、牡牛座で取り戻す。そのときには増えている。

サクッと説明

(4)
12サイン

牡羊座

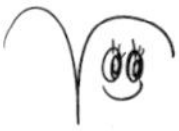

火・活動サイン

続いて皆さんおなじみの12サイン（＝12星座）の解説に入ります。まずは牡羊座。ワクワクすることがあれば、すぐに行動したくなります。熱しやすく冷めやすいので、**「鉄は熱いうちに打て！」は牡羊座のためにあるような言葉。**

また、新しいことをするとテンションが上がり、**何も開拓されていない「0」の世界から「1」を生み出すことも得意。**企画力があります。身体だと頭や目にリンクします。

火・活動サインで、根拠なく何か始めることができます。活動サインは、**受けに回ることはほとんどない。**つまり、頼まれたりしても、あまり上手にこなせません。

わたしのホロスコープを見ると、好きなこととかファッションとかをあらわす金星が牡羊座にあるのですが、自分の感性

で服を選んだり、絵を描くことは得意なのに、誰かのコーディネートを依頼されたり、形式的なイラストを依頼されるとうまくいかなくなりますね。

牡羊座は協調することができないですし、自分で何か始めるのが一番ラクですから。

でも、12サインの一番目にあたる牡羊座は、人間でいうと「赤ん坊」にたとえられるように、まだ身体の中に入っていない状態で、自分の感覚で実感がつかめないので、人からのリアクションがないと、「自分が何かをした」という実感がありません。そのため、何をしても確かな実感がなく、自信もありません。不確実で実験的なのです。

サクッと説明 (4) 12サイン

牡牛座

土・不動サイン

五感が優れています。実際に体感して自分のものにしていきます。また、繰り返し繰り返し技を磨いていく、**職人タイプ**

です。変化を嫌うので、勢いでチャレンジなどはあまりしません。**基本、マイペースでスロー。**

また、美的センスがあります。見た目よりもクオリティーを重視。身体だと喉や首にリンクします。

12サインの2番目にあたる牡牛座は土・不動サインで、人間でいうと「歩き始めの幼児」。大地に自分の足を着地させたというところです。「自分の身体に聞く」「自ら感覚を知る」ということがメインなので、他者にはあまり反応しません。

五感に関係したものはとても得意で、音、光、色、匂い、味などを活用したものでは能力を発揮します。

身体の中に埋め込まれた遺伝的な資質は、深く掘るほどたくさん出てくるので、消費し使い切るということがあると、それよりも深い資質を掘り、ますます能力は高まります。

非常に欲張りだし、不動サインなので、とてもしつこいです。

自分という生き物に注目していますね。身体のトレジャーハンター！

サクッと説明 (4) 12サイン

双子座

風・柔軟サイン

好奇心旺盛で、いろんなところに顔をつっこんできます。いろんな情報を持ってきたり、いろんな人と、浅く広くかかわることができます。1つのことをずっとやったり、決まりきったことをするのは苦手です。**どうなるかわからないくらいが楽しい**のです。

身体にたとえると、肺や腕です。吸ったり吐いたり、休みなく外界からいろんなことを取り入れます。

風・柔軟サインで、興味があちこちに飛び散ります。**同じことだけを続けるとストレスが溜まります。**分散して、たくさんのことをするとリラックスできます。

なので、仕事にしても、複数するといいのですが、もし1つだけ取り組むのなら、その内部では毎日変化があるというものであればいいでしょう。**定期的にマイブーム**があり、またそれは次に移動します。

3か月くらいごとに違うものに興味を向けると楽しいかもしれません。風の元素は横に広がる性質で、マルチになりますが、掘り下げたり、グレードアップしたりはしません。〝レベル上げ〟するよりも、違うことに手を出すのです。

そうそう、むかし一緒に仕事をしていた人は双子座が強い人（下の補足参照）で、やたら商品にオプションをつけたがりました。

影響が強い場所

占星術において「太陽」と「月」は「ライツ（=光り輝くもの）」と呼ばれ、これらが入っている位置は「影響が強い」とされます。

そのほか、特定の位置に天体が3つ以上集まっている場合も「影響が強い」とされます。

ただし、太陽、水星、金星は比較的近い位置で移動するので（20ページ図参照）、この3天体が特定の位置にある場合、強調はやや弱まりますが、それ以外の天体が3つ以上集まっている位置は、その人にとって「影響が強い場所」です。

サクッと説明

(4) 12サイン

蟹座

水・活動サイン

気持ち、感情、共感、同情などがメインに働きます。**愛情豊かで、自分が心を許した仲間や家族を大切にします。** ただし、それ以外はあまり関心を抱きません。蟹の甲羅のようです。

身体だと胃や乳房にリンクします。とくに胃は吸収していくので、**いろんなことをインプットする機能**を持っています。

水・活動サインで、水は結合力をあらわします。積極的に結合していく。積極的に働きかけるという意味では受身にならないので、たとえば愛情面でも、相手から追われるのは苦手です。あふれるような情感があり、時には感情過多、情緒過多になります。オペラで絶叫ものを作曲している作曲家には蟹座の要素が多いです。

オペラ「魔笛」のクライマックスみたいな感じでしょうかね。感情が爆発している感じ！　そして、それを作曲したモーツアルトは、興奮すると発動する天体の火星が蟹座ですね。

集団原理が働くので、小さなものを大きなものが飲み込んでいくことがよくあり、小さなものは淘汰される性質もある。さまざまな国を食べていった**アメリカは世界最大の蟹座帝国**です（下の補足参照）。

とにかく同じ気持ち、**「一緒だね！」を増やしていきたいんでしょうね。**

蟹座帝国アメリカ

アメリカのグローバリーゼーションは、アメリカ的な蟹座の精神を、地球範囲に広げることをあらわしているでしょう。ちなみに、アメリカが独立宣言をした建国記念日の7月4日の太陽星座は蟹座です。

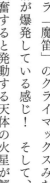

サクッと説明
(4)
12サイン

獅子座

火・不動サイン

何ごとも**ドラマチックに演出**します。自分自身が輝くこと、または、自分が創作したものが輝くことを心地よく感じます。創造力豊かで、**表現力、存在感があります。**身体だと心臓や動脈です。中心からぶわ〜っと周りに出していくイメージ。

火・不動サインで、これはずっと続く火という意味で、しばしば**儀式的、芝居がかったサイン**です。演劇は何百回もしても、毎回、飽きずに、ますます興奮しますが、つまり型が繰り返されるというのが不動サインの特徴です。

「さそり座の女」を歌い続ける美川憲一さんは、獅子座に、興奮天体の火星と徹底的天体の冥王星が一心同体の0度になっていました。**演歌歌手は、一度ヒット曲を出せば、それを永遠に求められるので、獅子座サインとしては大歓迎**ですね。

たとえば、紅白で毎年のように「天城越え」を歌う石川さゆりさんは、獅子座に枠を超える天体の天王星があって、それに対して目的である太陽と恋愛の金星が猪突猛進の180度でかかわり、さらに時空を超える天体である海王星は一心同体の蠍座サインにあり、天王星とも、太陽と金星とも、制御がききにくい90度の配置にあります。まさに「天城越え」（笑）。

いつまでも変わらない火ということで、高度に発達した獅子座は恒星、つまり**スター**に関係します。惑星はぐるぐると変化しますが、恒星は変化しない。不動サインなので変化や人に合わせるのが苦手です。勝手に好きなことをしているのが好き。

キャメ補足

自分のホロスコープの天体の配置が激しい（ハードアスペクトで息苦しく感じる）場合は、それを仕事や芸術などでうまく活用することで実際の生活で混乱することがなくなったりします。

サクッと説明 (4) 12サイン

乙女座

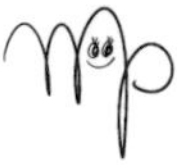

土・柔軟サイン

人の役に立つことを好みます。また、**仕事能力、実務能力があり、こまごまとした作業をこなしていきます。**身体だと腸

に対応するので、余分なものを整理するという意味合いが出てきます。

土・柔軟サインで、土は実際的で、かつ柔軟サインということは、**実務的なことで、相手の要求に合わせてなんでもできる**ということです。

スタッフにほしいタイプですね！

自分を主張するのは獅子座で、乙女座はその次のサインとして、獅子座的な要素を排除しようとしますから、獅子座のように自分から働きかけることはあまりない。頑固になるとしたら防衛心からきています。

乙女座が頑固になったら守り態勢と覚えておかないと！

仕事では発案するよりも受けに回ります。いわれると、できる。細かいことに神経がいきわたりますが、乙女座でも天秤座寄りの人になると、整理・整頓が得意でない人がたくさんいます。

そうそう、きれいにしているようで、引き出しの中がぐちゃぐちゃな乙女座を、わたしはたくさん知っています。

サクッと説明 (4) 12サイン

天秤座

風・活動サイン

新鮮な情報、人を求めて積極的にはたらきかけます。人をよく観察し、**社交性**があるので、人との縁を広げていきます。**美的センス**あり。身体だと腎臓、腰、肌ツヤにリンクします。

風・活動サインで、天秤座がつかさどる感覚は触覚といわれています。つまり、「自分の身体の中に閉じ込められている感覚がある」ということです。そういう人は、自分が孤立していると感じますから、逆に盛んに外に関心を持ち、いろんな人にかかわろうとします。

人との関係に真剣なために、逆に人との関係で深く傷つく体験も多い。なんでも形にあらわれてしまうという意味では、天秤座の人生は劇的な変化が多くあります。ただ、人から自分がどう見られているかを正確に把握しており、思い込みはとても少ないケースが多いようです。

人間関係は思い込みや押しつけ、過剰な期待でぐじゃぐじゃになるのでその点は逆にいいですね。

サクッと説明 (4) 12サイン

蠍座

水・不動サイン

集中力、**洞察力**が優れています。**とても深い感情**を持っていて、「これだ!」と思う対象に徹底的に入り込み、一体化することを好みます。しかし、それ以外のことは淡々としています。身体は生殖器とリンクします。

水・不動サインで、水は結合力。不動サインはずっと続くという意味で、かかわりはいつまでも続く傾向があります。

また、「長く続くかかわり」というのは、個人の人格を維持してい

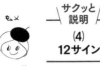

る限りは無理です。そこで、個人としての人格の殻を打ち破り、壁をなくしてしまうこともしますから、**強い圧力を持っている**こともあります。蠍座は「人格の死」とか「実際の死」などにも縁が深く、**とことんつきつめて限界を超えるような力がある**ということです。

それでは、ここで1曲お送りしましょう。

FOREVER LOVE by X Japan

サクッと説明 (4) 12サイン

射手座

火・柔軟サイン

「いまここにないもの」を目指していきます。**向上心**が高く、目標を手に入れると、またすぐ次の目標を見つけてきます。追いかけていることが好きです。**楽観的**で、ものごとを全体的にとらえることができますが細かい視点はあまりありません。束縛を嫌い、どこでも自由に上昇していけるスタイル。身体でいうと大腿部や肝臓です。

火・柔軟サインで、火は上昇しますから、変化しながら、グレードアップします。同じところにいたがりません。射手座は**「摩擦の火」**といわれているので、衝突したり、戦ったりしながら向上する。その点では、対戦スポーツのようなものに適しています。

柔軟の火という意味で、たとえば、自分が得意でない、知らない分野についても、しばらく取り組むとそれに通じて、この中で火を再生しますから、**柔軟な精神や知性を持っている**ということです。海外などにも強くなります。

初期の射手座（蠍座から射手座に移ったばかりの射手座）はスポーツに関係しやすいのですが、途中で極端に精神主義的になることもあります。戦うという意味では、対抗勢力がやってくることは大好き。「かかってこい！」という精神です。

それでは、再びここで1曲お送りしましょう（笑）。
スカイ・ハイ　by　ジグソー（ミル・マスカラスのテーマ）

サクッと説明 (4) 12サイン

山羊座

♑

土・活動サイン

必要なこととそうでないことを見抜き、無駄を削っていきます。**野心家**で、常に努力を惜しみません。**常識的**で、感情を露わにしない大人の対応をします。目に見えないものよりも現実的なメリットを重視。身体では、骨、歯、皮膚の骨格や土台の部分。

土・活動サインで、土は実際性。そして積極的な働きかけが活動サイン。**受けに回るのは好きではない**という意味では、たとえば、会社員になっても、「これをしてください」といわれるのは得意ではない。自分から考え働きかけるのがいいです。

また山羊座は均衡感覚をつかさどるといわれています。つまり、直立する性質で、**自分が立っている現場に忠実**。

つまりはローカルな場所では、そのローカルな場所に合わせます。現場に合わせるという意味です。

山羊座は地味と思う人がいるかもしれませんが、活動サインに地味な人はいません。油断なく、働きかけます。

わたしのホロスコープを見ると、思考や言葉の水星が山羊座ですが、考えたり、書いたりと、じっとしていませんね。

サクッと説明 (4) 12サイン

水瓶座

風・不動サイン

自分も他人も尊重します。**普通であることや大衆的なことに違和感**を覚えます。距離が近い人には冷たく、距離が遠い人には人懐っこい特徴があります。オリジナルの面白い魅力を持っています。身体は、膝より下で足首より上のあたりと、静脈など。

風・不動サインで、不動サインということは、**考え方などをなかなか変えません。**また、**特定の場にいることが嫌いで、どこでも通用するような普遍的なものを求めます**から、地域的な習慣の冠婚葬祭なども認めないというような精神があります。距離感のある関

係という点では、いつもよそよそしい態度の人もいるかもしれません。

水瓶座が強いわたし（54ページ下の補足参照）は、よくわかります。仲良くなっても、毎回リセットされちゃう。毎回初対面みたいな。月は蠍座なので、心の扉を開くことができれば、そんなことはないのですが……。

考え方として共感することはあっても、感情面で共感することはほぼありません。12サインの中で**もっとも冷たいサインと考えられています。**太陽は一番寒い季節に水瓶座にいた。

逆にいうと、**感情に流されないので、いろいろ冷静に判断できますね。**

サクッと説明 (4) 12サイン

魚座

水・柔軟サイン

境界線があいまいなので、**共感力がすごく高い**です。奉仕的で**人を癒す力**があります。妄想力があり、いつもどこかあっ

ちの世界とつながっているような雰囲気。それが**芸術的なことやスピリチュアル的なことに活かされたりします。**身体は、足裏やリンパなど。

水・柔軟サインで、水は同化。柔軟サインは、計画性なしです。どんなものでも、身近にあるとなじんでいく。見知らぬ人でもなじむ。また、なんでも引き寄せようとするので、**「なんでも置いてあるお店」みたいなもの**でもあり、バラエティが出てきます。

海外にいくとよくありますね。何でも売っているお店！ 歩くだけでもすごく楽しいです。そして、そういうお店に入ると、ついつい、こまごまとしたものを買ってしまったり……。

非現実に見えて、実際には山羊座と60度で（下の補足参照）、**実際的なセンスとか適応力はある**のです。

ただ形がはっきりしないような面があるのは事実です。スピリチュアル関係のカリスマには、太陽が魚座の人がたくさんいます。

60度

86ページで述べる60度（セクスタイル）は2つ隣のサイン（星座）にあたり、お互いの特徴を生かしながら相乗効果が生まれる関係といわれています。たとえば、魚座は非現実的な世界を生きているように見えますが、現実的で堅実な山羊座の影響も受けているのです。

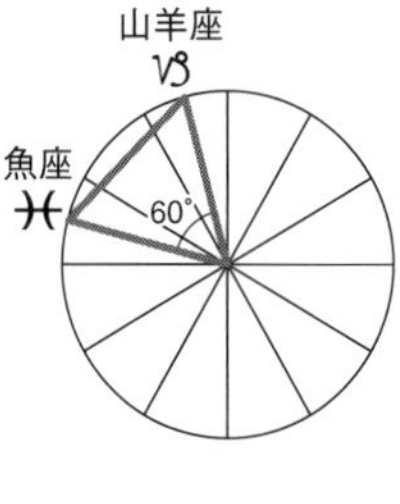

ハウス

サクッと説明 (5) 12ハウス

1ハウス

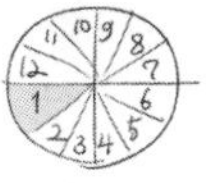

ハウスとは天体が活動する具体的な場所のことです（下の補足参照）。生まれた時間が不明の人は、このハウスの分析は使えません。出生時間が数分違うだけで、場所が変わってきます。

まず1ハウス（**自分自身の資質**）から見ていきましょう。

79ページで説明する「アセンダント」は1ハウスの起点をあらわしますが、これは、生まれた瞬間の東の地平線（＝肉体）と黄道（太陽の通り道＝魂）の交点。つまり肉体と魂が結合した場所で、その後にある1ハウスはその人の個性そのものをあらわします。

だいたい**その人にとって1ハウスに入っている天体の意味合いは無意識で、本人は気がついていない。**生まれたときからそうなので、意識化・対象化できない。ただ、他人から見ると、とても特徴がよくわかります。**その人の生まれつきの資質**などもあらわれます。

ハウス

ホロスコープには12種類の区画があり、これを「ハウス」と呼びます。占星術では、このハウスによって、その人が人生でどのような行動をするか、つまり「活動場所」を探っていきます。

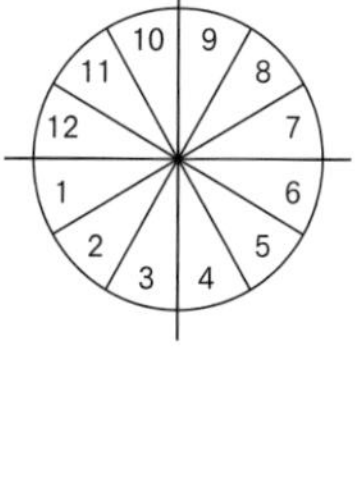

1ハウスに金星がある人は親しみやすかったり、水星がある人は機敏に反応したり、木星がある人は温和だったり、土星がある人は自信がなかったり、あるいは慎重だったりしますね。その人の天体の使い方にもよるので一概にはいえませんが。

サクッと説明 (5) 12ハウス

2ハウス

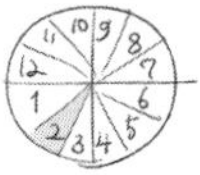

続いて2ハウス（**生まれ持った才能、自分で稼ぐ能力**）。

肉体が持つ潜在的な資質。生まれたときにもうすでに受け取るもの、つまり、**親や先祖がもたらしてくれたもの。**それを活用して、生活できる。たいていお金に関係しますが、**会社勤めをして稼ぐのではなく、自分の能力で稼ぐ面**です。

起業するか迷っている人で、後述する雇用を意味する6ハウスや、組織を意味する8ハウスに天体がなく、2ハウスに仕

事をあらわす太陽や、増える意味合いを持つ木星などがある人に、わたしは起業を勧めています。さらに、社会的ステイタスをあらわす10ハウスに独立の天王星があれば、なおさら。

サクッと説明 (5) 12ハウス

3ハウス

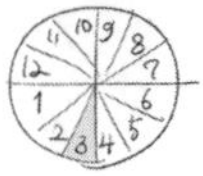

もえ　続いて3ハウス（**話す、書く、勉強する、移動する**）。

松村　知的な関心が分散する、身近なところをうろつく。**個人の可能性をいろいろマルチに広げていく。**初等教育。小学校ではたくさんの科目があるように、たくさんのことに関心を持ちます。具体的な技能とかも。教えたり書いたりする能力も関係します。

もえ　3ハウスは双子座のナチュラルサイン（下の補足参照）だから、まさにビッフェスタイル。いろいろなものをお皿にのせたくなるのですね！

ナチュラルサイン

12ハウスにはナチュラルサインと呼ばれる「本来の星座」が割り振られており、その星座の性質があると考えられています。

1ハウス	牡羊座
2ハウス	牡牛座
3ハウス	双子座
4ハウス	蟹座
5ハウス	獅子座
6ハウス	乙女座
7ハウス	天秤座
8ハウス	蠍座
9ハウス	射手座
10ハウス	山羊座
11ハウス	水瓶座
12ハウス	魚座

サクッと説明
(5)
12ハウス

4ハウス

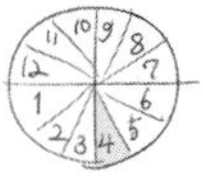

もも　お次は４ハウス**（リラックスできる場所、家、家族、ルーツ）**。

松村　その人がリラックスして眠る場所、つまり個人というものが消えて、より集団的な意識に吸い込まれる。

そのためには警戒せず、無防備になれる場所が必要で、家の場合もあれば事務所の場合も。家に帰って、夜はみんな眠ります。これは〝小型の死〞。**死後の世界とか生まれる前の世界**とかもあらわします。

犬だったら、お腹を出して眠れる場所ですね。

もも　ここのハウスに独立の天体である天王星が入っていたら、自分だけの空間がほしいところ。あと、ＩＣ（４ハウスのカスプ。下の補足参照）のサインが牡牛座だったら持ち家、水瓶座だったら賃貸とか。仕事をあらわす太陽が入っていたら「自宅で仕事する」など、パ

カスプ

カスプとは各ハウスの始まりの線です。

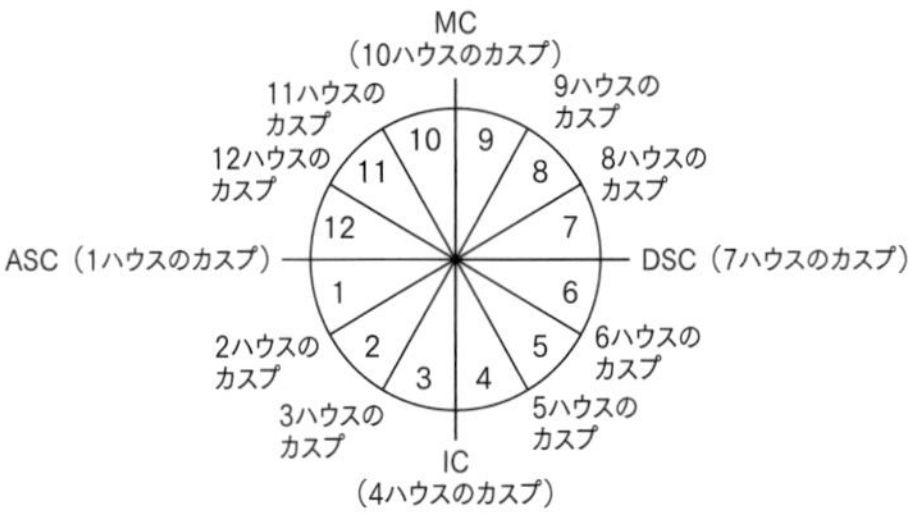

なお、ＡＳＣ、ＩＣ、ＤＳＣ、ＭＣについては79ページで解説します。

ターンはエンドレス！

サクッと説明 (5) 12ハウス

5ハウス

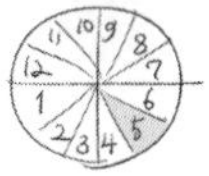

次に5ハウス（**生み出すこと、好きなこと、趣味、遊び、子供、起業、投資など**）。

趣味、道楽、創造など。アセンダント（79ページ）の120度的延長という意味で、**人のことを気にせず、好きなように広げることのできるものすべて。**創作なども関係しますが、人がそれを受け付けるかどうかは7ハウスしだい。起業なども意味します。

対人の7ハウス次第！（笑）。**人に認められなければ、ただの自己満足！**

サクッと説明

(5)
12ハウス

6ハウス

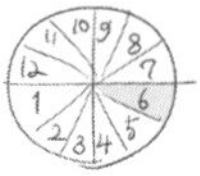

6ハウス**（雇用、仕事場、健康、部下、ペット、人から求められたことをする）**です。

ありのままの自分ではなく、訓練して自分を磨くことに関係する。なので、好きなことをしていることを禁止する傾向があり、**ここにたくさん惑星があると、その人は自分を痛めつける傾向があります。**仕事ですが、会社にいかなくても、「自分で自分を雇う」という場合もある。たとえば、いっぱい練習したり、修行したりするのも、このハウスにある天体がかかわっている。

トランシット（9ページ補足参照）で、増える天体である木星が6ハウスに来ると、仕事が忙しくなって自分の時間がなくなることがありますね。

サクッと説明 (5) 12ハウス

7ハウス

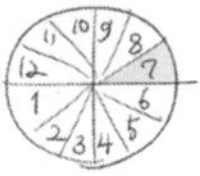

7ハウス**（人との関係、出会い、結婚、パートナーシップ、お客さま）**です。

79ページで後述する**アセンダント（＝つまりその人）の鏡にあたるのが7ハウス。**人は鏡を見ないと自分のことは見えない。でも、実際のところ「純粋な鏡」というものは存在しなくて、たとえば、ファッション業界で働いていたら、ファッションのセンスやトレンドの観点で自分を認識する。

7ハウスは**「社会の入り口」**ともいわれています。いわば「人生のデビュー」はここ。人の目に映る自分。共同作業や結婚も関係する。

人を介して自分を知るハウスですね。とはいえ、7ハウスの天体を自分で使わずに人に投影しがちな人も多いですね。

サクッと説明 (5) 12ハウス

8ハウス

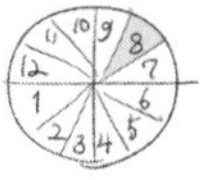

8ハウス**（組織、結婚生活、SEX、貯金、保険、遺産、死、心理、心の深い部分、受け継ぐもの）**です。

7ハウスが「オーディション」や「お見合い」なら、8ハウスは方向性を決定して、その後に長く続く関係。つまり、**「結婚生活」は8ハウスです。**

他人とずっと一緒にいると、個人の人格は一度壊れてしまう。そして〝共同人格〟が再構築される。ここから「死」や「死の彼方にあるもの」なども関係してくる。たとえば、遺産をもらったり、代々の伝統を受け継いだりすることも多く、従属的な関係を作ります。

お金を出してもらったり、受け継いだりすると、ある程度、縛りが発生！

サクッと説明

(5) 12ハウス

9ハウス

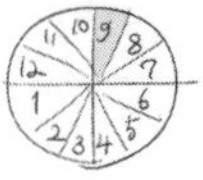

9ハウス（**常に上を目指す、専門的なことを勉強したり・教えたり、海外、遠くへの移動、出版、宗教、哲学**）です。

向上心があり、世界を広げたい。思想、哲学、海外関係とか、教養など。**お稽古が大好きな人のホロスコープには9ハウスに天体がある。**とくに楽しいお稽古は金星など。3ハウスが具体的な知識なら、9ハウスは抽象的な知識。3ハウスと9ハウスに天体があると人に教えたりもできます。

先生になりたい人は3ハウスと9ハウスをチェックしましょう！

サクッと説明
(5)
12ハウス

10ハウス

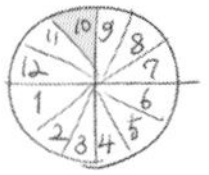

10ハウス**（肩書き、仕事、職業、社会的ステイタス）**。

集団社会の中でのその人の位置づけをあらわすのが10ハウス。

自分がしたいことは1ハウス。社会の中での役割は10ハウスで、これは好みでするものではない。職業なんかもあらわしますが、**社会的ステイタスとして主婦になる場合もあります。**

また名前としては、姓がMC（79ページ）あるいは10ハウス。名が1ハウスの位置づけになります。外国人は、まず下の名前が大事。

よく自分の使命を知りたいという人がいますが、それは、この社会での役割みたいなものなので、10ハウスで見てもいいですね。

サクッと説明

(5) 12ハウス

11ハウス

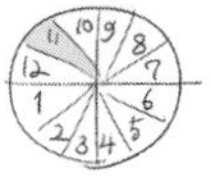

11ハウス（友人、横のつながり、SNS、コミュニティー、サークル、未来のイメージ）。

友人、サークル、あるいは17時以後、退職後。つまり、**未来にしたいことをする時間。**共有される趣味。

11ハウスは未来をあらわし、それと90度の2ハウスは過去をあらわします。すでにあるものが2ハウス。これからほしいものが11ハウス。サブカルチャーなども。

サクッと説明

(5) 12ハウス

12ハウス

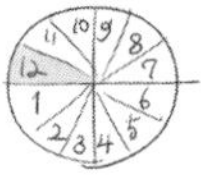

12ハウス（**1人の時間、潜在意識、癒し、メディア、夜の世界、秘密の世界、意識の世界、スピリチュアル、夢を見ている時間**）です。

最後のハウスなので、個人の人格が溶けていきます。個人の防衛力がないので、**集団の意識**がなだれ込みます。物質的には隠れたりしますが、精神的な影響力は果てしなく広がる。その意味では、本人がいないのにメッセージだけが広がるメディアなど。**もっとも広がりのあるハウス**です。現代においてはますます強化。ネットの世界などもこれだからです。

サクッと説明 (6) アングル

ASC、IC、DSC、MC

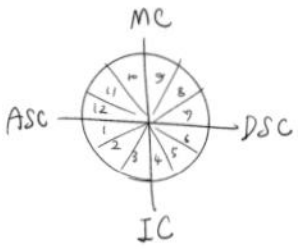

最後に「アングル」についても触れておきます。「アングル」とはホロスコープの「軸」で、住宅を例にすると「柱」みたいなものです。次の4つがあります。

・ASC（アセンダント）（1ハウスの入口）**無意識の行動パターン**
・IC（アイシー）（4ハウスの入口）**基盤、ルーツ**
・DSC（ディセンダント）（7ハウスの入口）**対人関係**
・MC（エムシー）（10ハウスの入口）**職業の方向性**

目に見えるその人のフォーマットみたいなもの。個人、家、結婚相手、仕事などの、大まかなその人の人生の枠組み（下の補足参照）。この4つの軸は極度に敏感なので、そこを天体が通過すると大きな変化が起きます。

アングル

占星術では、地平線を指す横軸を「個人性」、子午線（真北と真南を結んだ線）を指す縦軸を「集団性」と考え、図に示した4つの軸で大まかな人生の枠組みを見ていきます。

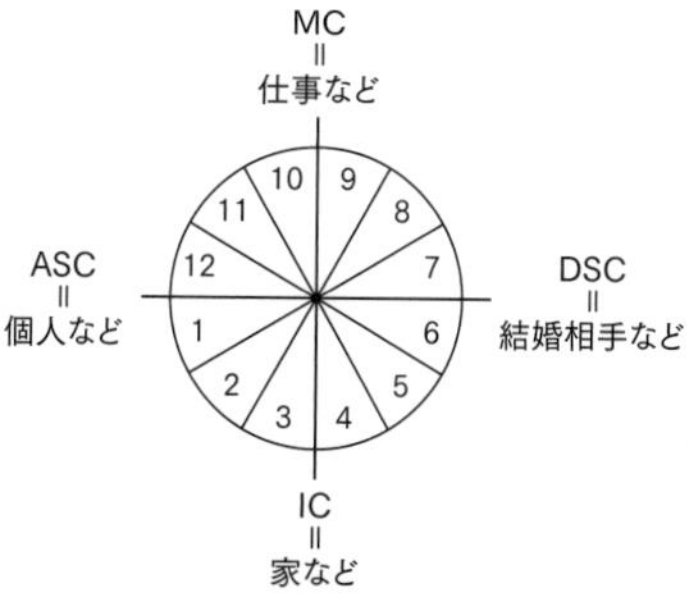

説明しましょう！　トランシット（9ページ補足参照）の天体が軸にやってくると次のようなことが起こります。

・ASCに天体がくると、**行動パターンやエネルギーの使い方の変化**
・ICに天体がくると、**自分の中、家・家族などの変化**
・DSCに天体がくると、**人間関係の変化**
・MCに天体がくると、**肩書きの変化**

ちなみに**速度の遅い天体（冥王星、海王星、天王星、土星、木星）は影響力があります。**速度の速い天体（月、水星、金星、太陽、火星）は大きな影響はありません。

たとえばMCに冥王星がくれば仕事が丸ごと変わったり、海王星がくれば肩書きが増えたり、天王星がくれば変えたり、独立したり、土星がくれば確立されたりまたは調整が入ったり、木星がくれば追い風が吹いたりといった具合で、割とわかりやすく状況が変化します。

相性の場合も、相手の天体が自分の軸付近にあるかどうかチェックしてみましょう。

2章

主要なアスペクトとその意味

主要なアスペクト(1)

ノーアスペクト

10ページでも触れましたが、この章では主要なアスペクトを解説していきます。まずノーアスペクトとは、**他の天体とアスペクトを形成していない天体**でフリースタイル。

このように、いわば「孤立している天体」は、**激しく暴走する場合と、消極的になってしまう場合があり、その天体が置かれているサイン（星座）の意味合いが色濃く出ます。**

しかし、その天体を使わず、自分以外の人に投影したり意識しなかったりすれば、自分の持つの資質を使わない人生になることも。それはもったいないので、意識して使ったほうがいいでしょう。

そして、トランシット（天体の経過図。いま現在の天体の動きを示す）の影響はもろに受けやすいです。

ノーアスペクトの天体は**「放浪天体」**といい、ほかの天体に挨拶なしで、勝手に惑星が働きます。わたしはこれを「コードレス」といっていて、ノーアスペクトの天体は何か電波的な動きをします。その惑星においては**「電波な人」**なのです。

活動サイン（40ページ参照）だと暴れ過ぎて、どうしようもない場合もある。なんせ他の天体とつながっていないということは〝しがらみ〟がないわけですから。一方でずっと黙ったままの場合もある。

たとえば、男性の場合で金星にアスペクトがない場合、金星にかかわる意味合いのものが死んだままのような人もいれば、女性の場合だと、アスペクトのない金星によって、いつまでも高校生みたいに元気でいる人もいる。

男性のホロスコープと女性のホロスコープでも違いが出てきますね。

主要なアスペクト(2)

0度（コンジャンクション）の関係

0度は、一番公転周期の速い天体が現場で活動し、そのほかの公転周期の遅い天体たちの影響は阻止できない！

さらに、互いを客観視できないし、みんな同じ方向を見て進みます。**滝みたいに速度の遅い天体が、速いほうの天体に落ちてくる。早いほうの天体は運び屋として動く。**

たとえば、海王星（公転周期　約164年）と水星（公転周期　約88日）なら海王星の「イメージ」が「言葉」（＝水星）に落ちてくる感じ。

だから相性で0度は難しい。

ユングは「太陽と月で0度はいい」とかいってたけど、かなりでたらめな話で、**0度はイメージするものをそのまま持ち込む**ので、背後にハードなものを持っている人は、そのままそれを相手に流し込んで

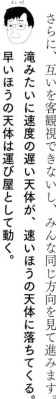

しまう。「フィルターなし」になります。

かくれハードタイプ!! 太陽と月が0度で、相手の太陽が海王星と90度とかだと、太陽と月が0度の人側は無意識に振り回される、ってことがありますしね。

1965年世代に生まれた人は「土星」が魚座にあり、「天王星」と「冥王星」が乙女座にあって、これが180度の関係になります。

天王星と冥王星は「破壊と創造」という意味になり、人生にかなりのインパクトを与えるのですが、そのエネルギーが魚座にある土星へと一気に流れ込みます。つまり、この世代の人は「破壊力抜群のアスペクト」をもともと持っている。

この1965年世代の人の「魚座土星」に、相性の0度関係で、月(=私生活)や水星(=神経)といった影響を受けやすい天体が重なってしまうと、月例や水星側の人に型破りな破壊力の影響がなだれ込んできて、パニックになります。一緒に過ごしていると異様な緊張感を持つでしょうし、土星特有の決めつけてくるような雰囲気からも逃げられないとも感じる……。

ただ、ハードな影響を相手に与えている1965年世代のほうは、その事実に気づかないので、改善されることもない。

おっと、プロ向けの本のような解説になってしまいました。

主要なアスペクト⑶

60度（セクスタイル）の関係

お互いの特徴を生かしながら、相乗効果が生まれる関係。一緒にいて面白いし、生産性は上がるし、応用力も生み出します。お互いに役に立てることが、楽しいし、嬉しい！

互いが生かされるので、お互いのテンションが上がります。

そのためにも、積極的に働きかけることがポイントで、使わないともったいないですね。お互いにいいリアクションを求める感じ！

43〜49ページで説明した四元素でいうと、「火と風」「土と水」の関係。

生産性があり、お互い違う元素なので、新鮮で、直接助けないけど、間接的に助ける。

たとえば、火に対して風は、「一緒にやらないけど、助かる情報は提供するよ」と。ほかの元素でかかわるので、好奇心が刺激されやすく、結びつくと、とても楽しさがあり、ある種のリズム、律動があります。

アウトソーシングとか、コラボのイメージですね。

生産性があるので、「○＋○＝○」または「○×○＝○」になることも！　つまり、**足し算や掛け算になる関係。**

これも天体の影響具合は基本、公転周期の速い天体のほうが運び屋ですよね？

基本的にはわたしはそう考えています。

あと、わたし個人的には、60度は〝手動〟で、120度は〝自動〟のような雰囲気があると感じています。

60度は、自分や周囲に働きかけることでちゃんと使える！　120度は自動で働くといった具合に……。

主要なアスペクト(4)

90度（スクエア）の関係

両方の天体を同時にうまく使えなく、片方の天体に対して、もう片方の天体が、唐突に割り込みをしてきたり、足をひっぱってきます。

そしてそれは、**少々衝動的であったり、やり過ぎた感じであったり、なかなかコントロールしにくい関係**です。

しかしながら、**この90度があるからこそ、人生の幅が広がります。**

火と水、火と土、風と水、風と土の関係。

そもそも人間は四元素をすべて合わせた〝第五元素的な存在〟なので、四つ全部必要。

そこから考えると、90度はストレスは多いけど、火であれば水、風であれば土という具合に、対立する元素を持ち込む。

トータルな方向に向かうには必要で、**〝目覚めの力〟みたいなものをもたらすけど、安心したい人、いままでのものを続けたい人にはキツい関係。**

人間は、変化を嫌うので、けっこうな確率で、みんなキツさはあるかもしれませんね。

主要なアスペクト(5)

120度（トライン）の関係

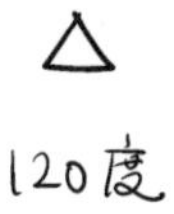

元素が同じなので、**自然と気が合って、テンションが上がったり、いろいろ物事が加速していき、とても楽しい関係**です。

しかしながら、同じ元素だけでは発展がないので、安心感はありますが、**マンネリ化しやすい**です。

火と火、土と土、風と風、水と水の関係。

自信がない人には力づけになってくれて、安心感があります。自信があったり元気だったりすると、退屈なアスペクトです。でも、こういってほしい、こう思ってほしいというとおりに相手が対処してくれる気楽さ。

主要なアスペクト(6)

180度（オポジション）の関係

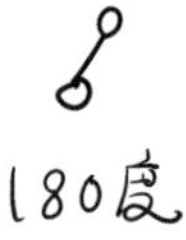

片方の天体に対して、もう片方の天体が衝動的にノンストップで突進していきます。それは、**ついついやり過ぎる傾向がある関係**といえます。90度は唐突ですが、180度は常に働きかける性質があります。

しかし、突進していくだけじゃなく、発表衝動がもれなくついてきます。そして、仕事で社会に向かってどんどん表現したり、打ち出していく人は、このアスペクトがあるとGOOD!

自分のホロスコープになくても、仕事でかかわる人とのホロスコープの組み合わせや、トランシットの天体（9ページ補足参照）などで180度ができれば使えます。

土と水、風と火の関係。

向かい合っている関係なので、働きかけがダイレクトに相手に届きます。活発さ、レスポンスがほしいというときには不可欠です。でもおとなしくしていたいときでも呼び出そうとするので、休めないとはいえます。

主要なアスペクト(7)

サインがずれてる場合は？

サイン（星座）の一番後ろのほうの**度数**（下の補足参照）と、サインの前のほうの度数の組み合わせでは、実際は90度（ハードアスペクト）なのに、サイン同士で見ると60度（イージーアスペクト）であったりすることがあります。

この場合は、**サインの組み合わせによって、アスペクトは緩和される**ので、もろに90度っぽさは出ません。

たとえば、わたしは、月が蠍座の初期度数で、水星が山羊座の最後のほうの度数で90度になっています（下の補足参照）。

さらに、水瓶座の1度に火星がいて、水星とコンジャンクション（0度。オーブ〈＝許容度〉があるので、ぴったり0度で重ならなくてもコンジャンクションになります）になっているので、それに水星がなんとなく引っ張られています。月、つまり心で感じたことを、水

度数

ホロスコープは360度。そしてサイン（星座）は12個です。つまり、各星座に与えられている度数は30度（＝360度÷12星座）。その30度（0～30度）の、どの度数に天体が位置しているかというのもホロスコープを読み解くポイントになります。

サインずれ

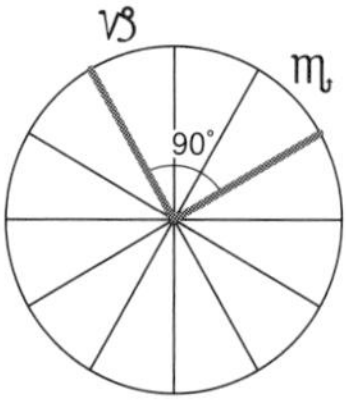

度数で見ると90度
＝ハードアスペクト

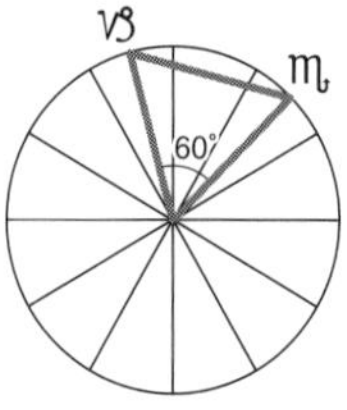

サインで見ると60度
＝イージーアスペクト

星はきちんと翻訳してくれます。

火星がアクティブに働くと、興奮して、自分でもわけのわからないことをいってしまい、自分を傷つけてしまうのですが、あとで、冷静になったとき、発言を修正したり、丁寧に説明したり、まとめたりすることができます。

でも、この火星があるからこそ、わたしの月はいろんな経験をし、強化されていっています。そして、月はＭＣ（79ページ参照）と0度なので、この経験が仕事に繋がります。

アスペクトは〝サインずれ〟が一番面白いかも。

たとえば、水のサインは「もうこりごり。やめよう」と思っているところにあるのに、一方の惑星が水のサインに新鮮な気分で取り組もうとしてたり。これはたとえば蟹座の終わりと、蠍座のはじめとか。

人生の中でよくある〝ねじれ〟みたいなものは、こういうサインずれのアスペクトが作り出す。

基本的なホロスコープの読み方に飽きてくると、こういうねじれ現

このように、度数で見ると90度（ハードアスペクト）になっていても、サインでは60度（イージーアスペクト）になっている場合、ハードさは緩和されます。

象に興味を持ったりする人が多いはず。

主要なアスペクト⑻
アスペクトがない場合は？

アスペクトをとっていなくても、サイン（星座）同士の角度を考慮してもいいかどうかについて考えたいと思います。

アスペクトが具体的に何かアクションを引き起こすとしたら、**サイン同士はカラーの違いとか傾向とか**です。

しかし、これは経験的に、**アスペクトを作っていなくても、あたかもアスペクトがあるように解釈したりすることもあります。**

相性を見る2つのホロスコープの、10天体のサインを知っているだけでも、いろいろわかりますね。

あと、自分のホロスコープのハウスのサインも知っていれば、相手の天体がどのハウスに入ってくるかもわかりますからね。

まずは、これでもいいかもしれません。

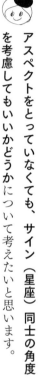

3章

天体同士のアスペクト（0度、60度、90度、120度、180度）

キャメレオン竹田です。いよいよ104ページから、天体同士のアスペクトの意味について解説していきます（原則、前文解説を松村先生、アスペクトの解説をわたくしキャメレオン竹田が担当しました。アスペクトは、天体の解釈によってストーリーは無限に作れます。アスペクト解釈は一例ですので、あらかじめご了承ください）。

天体同士のアスペクトの意味を知ると、自分や相手がどんな感情を抱きやすいか、どんな行動をとりやすいかがつかめます。これによって、「相性が合いそうかどうか」「付き合うとどんな展開になるか」の大枠がつかめます。アスペクトの意味を知る前に、以下の解説も併せて読んでみてください。分析するとき、理解がぐっと進むはずです！

まず基本ポイントを押さえよう

①自分のホロスコープにあるアスペクトは「**自分の中だけの特徴**」とだけとらえず、「**他人に対してとり得る行動**」ということも自覚しましょう。相手のホロスコープについても同じです。「**相手の中だ**

け の特徴」＆「他人に対してとり得る行動」としても出てきます。

②自分のホロスコープで使っていない天体があると、それを他人に投影し、誰かが勝手にそれを演じてくれます。

しかし、せっかく自分の資質としてホロスコープにあるのなら、自分で使ったほうが楽しいです。**とくに90度や180度の内容を認識し、使いこなせば人生の幅が広がります。**ただ、60度は他人からの協力を得て、いろいろ生み出せる角度でもあります。

③自分のホロスコープの天体と、相手の天体のアスペクトで、相性を読み解いていくことができます（16、17ページの**「二重円（相性図）」**を作る場合」参照）。そして、公転周期の遅い天体のほうが速い天体よりも影響力があり、逆に公転周期の速い天体は遅い天体に対して影響しません（下の補足参照）。

④**ホロスコープを組み合わせると、お互いの天体がそれぞれのハウスに与える影響がわかります**（92ページのサインずれ参照）。

⑤**1つの天体やハウスには複数の意味があるので、人によって出方が違います。**たとえば、金星は「恋愛」という意味もあれば「人間関

キャメ解説

影響が強い天体順位（カッコ内は公転周期）

①冥王星（約248年）
②海王星（約164年）
③天王星（約84年）
④土星（約30年）
⑤木星（約12年）
⑥火星（約687日）
⑦太陽（約365日）
⑧金星（約225日）
⑨水星（約88日）
⑩月（約27日）

ご覧いただいたとおり、①冥王星〜③天王星は公転周期が長いので、同世代の人とは、ほぼ同じサイン（星座）になります（たとえば、1971年〜1984年生まれは「天秤座冥王星世代」になる、など）。

係」「趣味」「美的センス」「お金」という意味もあります。

⑥**夫婦やパートナー（内縁関係の人）のホロスコープは、自分の第二のホロスコープとして見ることもできます。**無意識に相手のホロスコープも使っていたりするのです。

一緒に生活してから自分がどう変わったか、あるいは別れてからどう元に戻ったかなどもチェックしてみるといいでしょう。

⑦**ASC、IC、DSC、MC**といったアングル（軸。79ページ参照）とのアスペクトは、**相手の天体が0度（コンジャンクション）でかかわる場合、その天体からの影響をチェック**してみましょう。

⑧**自分と相手の同じ天体同士のアスペクトもチェック**してください。同じ天体同士は角度の意味合いとサイン、ハウスをチェック！

キャメ解説
結婚してバージョンが上がる人は、相手のホロスコープをうまく自分の人生に取り入れています。

角度についておさらい！

0度（コンジャンクション）

一緒に同じ方向に動き、一番公転周期の速い天体に他の天体の影響が流れ込みます。そしてこれらは無意識に働きます。

60度（セクスタイル）

天体同士が間接的に協力し合う友だちみたいな関係で、ワクワクするし、生産性もあります。積極的に使うことで、いい化学変化が起きます。

90度（スクエア）

公転周期の遅いほうの天体が、速いほうの天体に、唐突かつ衝動的に割り込んできてストレスが生じやすいです。

また、どちらかの天体がONになると、もう一方の天体がOFFになり、なかなか両立できなかったり、うまく使いこなすまで時間がかかります。

しかしながら学べるところが多く、すごく成長できるアスペクトです！

120度（トライン）

天体同士が「ノンストレス」で、自然と楽しくなじみます。気が合うので、加速したり、テンションも上がりますが、生産性や発展性はあまりありません。

180度（オポジション）

向かい合う天体に対して、猪突猛進に突き進みます。0度と違って意識はしていますが、衝動的に反応するので自分でコントロールしにくいです。また、ついついやり過ぎる傾向があり、90度は唐突ですが、180

度は常に働きかける性質があります。そして、〝発表衝動〟がもれなくついてきます。いい換えれば押し出し力！　このアスペクトがある人はアピール力があります。社会において仕事でどんどん表現したり、打ち出していく人は、このアスペクトがほしい。また、このアスペクトがなくても、関わる人とのアスペクトやトランシットの天体（9ページの補足参照）で180度ができれば活用できます。

10天体のキーワード

アスペクトはこのキーワードの組み合わせで文章を作ります（キーワードはほかにもたくさんありますが、ここでは一例を示しました）。

月

心、感情、気持ち、本心、自分自身、プライベート、私生活、本心、素の自分、母親、妻、女性、小さい子ども、赤ちゃん、大衆、人気、身体

水星

思考、意志、言葉、書く、伝える、調べる、情報、文章、実務能力、コ

ミュニケーション、神経、子ども

金星

楽しさ、華やかさ、美しさ、贅沢、面白さ、好きなこと、趣味、芸術、感性、人間関係、社交性、美的センス、お金（収入源）、女性、好みの女性のタイプ、若者、ファッション、メイク

太陽

人生の方向性、未来を創造する力、人生づくり、男性、父親、夫、仕事、目的、自己表現

火星

興奮、行動力、活力、活発、稼ぐ力、筋肉、瞬発力、攻撃力、戦闘力、怒り、スピード、やる気、元気の源、エネルギー、スポーツ、切り込む、欲望、男性、好みの男性のタイプ、勢い（火星は「ずっと」ではなく「たまに」起動！）

木星

拡大、発展、広げる、増やす、あっためる、緩める、膨らます、楽観的、肯定的、SNSでいう「いいね！」、海外、外国人、許可、社会性、お金（収入源）

土星

ルール、フォーマット、枠、パッケージ、プロ、冷やす、固める、減らす、乾かす、そぎ落とす、形にする、骨、皮、忍耐、慎重、維持、管理、継続力、繰り返し、保守的、規則的、管理力、厳密さ、安定、正直さ、ブレーキ、義務、計算高さ、コントロールしたい欲求、資格、師匠、計算性、こだわり、まじめにコツコツ、常識、着実、全体的に把握、時間がかかる、定番、記録、均等

天王星

枠を超える、自立、独立、オリジナル、所有しない、刺激、誰とも深入りしない、一定の距離感、ルール外、すべての物事に通じる性質、レンタル、機械、ＰＣ、スマホ、遠くに広げるが近くには広げない、改革、電波、電気製品、ネット、シェア、友人、変える、刷新する、システム、斬新さ、個性的、ＩＴ、エキセントリック、新しいもの

海王星

時空を超える、不思議、ファンタジー、芸術、寝るときに見る夢、妄想、癒し、液体、アロマ、スピリチュアル、あいまい、引き寄せ力、芸術性、広がり過ぎる、スキャンダル、幻想的、神社、溶けてなくなる

冥王星

徹底的な、あきらめない、とことん、限界を超える、極限状態、0か100か極端、全部変わる、火事場の馬鹿力、すごい力、威圧感、ちょっとやそっとのことではびくともしない、最終兵器、強制力

月と水星

月はその人の基本的な感情など、無意識に働く性質です。たいてい本人は気がついていません。この無意識的なものを水星は脳に引き上げて、言語化する性質があります。つまり、「自分がいま、どういう気持ちか」を話しているのは、水星による行動です。

反対にいえば、水星が心ない発言をすると月はダメージを受けます。水星は言葉によって月を持ち上げたり落としたりが簡単にできてしまうのです。

0度

月を心として、水星を言葉とすると、心の声が言葉に出てしまうなど。

月側の人の心の声を水星側の人が自動翻訳してくれるなど。

60度

たとえば、月が蠍座で、水星が乙女座だとすると、心の奥で感じたことを、こまかく文章で伝えるなど（12サインの性質を意識して解釈してい

マークの解説
個人の性質
相性（2人の関係）

ます）。

話がリズミカルで気持ちがいい関係。

90度

月が心、水星が言葉だとすると、話せば話すほど本心がうまく伝わらないなど。

気持ちが伝わりにくい関係。

120度

月が気持ちで、水星が言葉だとすると、気持ちを伝えるのが上手だったり、人の気持ちがよくわかる人だったりするなど。

自然と気持ちが理解し合える関係。

180度

月が心で思ったこと、水星がつぶやきだとすると、心で思ったことを衝動的にTwitterでつぶやいてしまうなど。

思ったことを話さずにはいられない関係。

月と金星

月は普段着。金星はよそいきです。月は私的なもので、外（公の場）を意識していません。

金星は常に外を意識し、また自分の世界を広げたいと思っています。月は慣れ親しんだものを続けようとします。なので、**月には向上心がありませんが、金星はもっと華やかに、もっと楽しく、もっと贅沢になりたいという欲求があります。**

この金星の欲求を月にぶつけていくので、基本的にはリッチに若々しく楽しくなるというようなアスペクトです。

0度

月が人気で、金星が女性だとすると、女性に好かれるなど。

とても楽しい関係。

60度

月が感情で、金星が芸術だとすると、感情を芸術で表現するなど。

マークの解説

個人の性質

相性（2人の関係）

👫心がリズミカルに反応して、楽しい関係。

90度

👤月が普段の自分、金星が華やかさだとすると、必要以上に贅沢モードになりがちなど。

👫一緒にいて楽しいが、少し金星側が、欲求をぶつけたり甘えたりして月の人を振り回すことも。しかし、それにより月の人の楽しい世界が広がったりする。

120度

👤男性の場合、月が妻で、金星が好みのタイプの女性だとすると、そこに矛盾がない、恋愛から結婚へなど。

👫とても楽しく和気あいあいの関係。

180度

👤月が私生活、金星が美的センスだとすると、服や小物、メイクなどをどんどん表現するなど。

👫月側の人は金星側の人に影響され、積極的に生活に楽しみを取り入れていくなど。

月と太陽

マークの解説
個人の性質
相性（2人の関係）

占星術で使われている太陽は、「地球から見て1年で1回回転する太陽」。つまり「地球」を投影したものです。月はその地球の周りを回っています。

太陽が示す公的なものと、月が示す私的なものとの関係を、このアスペクトは示しています。

月はイメージを作り出すもので、太陽の目的を明確にイメージ化するので、どんな種類のアスペクトであれ、そこにはレスポンスがあり、アスペクトがないよりははるかによいです。

0度（新月の配置）

月を無意識の自分、太陽を目的だとすると、目的の実現に向けて無意識に動こうとするなど。

太陽側の人が月側の人に未来の希望を示してくれるなど。

60度

月が牡牛座で太陽は蟹座だとすると、レストラン開業の目的のために、持ち前の才能や五感を活かすなど（12サインの性質を意識して解釈しています）。

お互い協力し合うことで仕事もプライベートも充実するなど。

90度

月がプライベート、太陽が仕事だとすると、仕事でプライベートが犠牲になるなど。

月側の人が太陽側の人の目的のために振り回されるなど。

120度

月が素の自分、太陽が目的だとすると、目的をごく自然に遂行するなど。

仕事もプライベートも自然となじめる関係。

180度（満月の配置）

月が自分自身で、太陽が目的だとすると、目的に向かって猪突猛進。そして、何かしら形にしていくなど、自己実現力がある。

月側の人が太陽側の人の目的のために積極的にエネルギーを注ぐなど。

月と火星

火星は興奮ややり過ぎたりするなどの意味。なので、月にかかわると、感情の働きに衝動性が出てきます。

しかし、月は無意識に自動的に働くために、瞬間に反応してしまい、「しまった！」と思ったりします。冷静なときには出さないけど、うっかりしたときに表面に出てきます。

脳の働きでいうと、０・３秒以内では自動的に反応。しかし、それよりも遅いと人間は考え始めますから、感情を抑えることができるかもしれません。感情が元気で、強いバネがある感じです。

マークの解説
（個人）個人の性質
（2人）相性（２人の関係）

０度

（個人）月が感情で、火星が興奮だとすると、興奮しやすいなど。

（2人）活力の火星が心や身体をあらわす月にリンクし、月側の人がエネルギッシュになるなど。

60度

月が獅子座で、火星が双子座だとすると、いろんな情報をかき集めてくることで、表現力が増したり、元気になるなど。

火星側の人の協力で月側の人がパワーアップするなど。

90度

月が心で、火星が攻撃だとすると、心を追い込んで自分で自分を傷つけてしまうなど。

火星側の人の言動で月側の人は傷ついたり振り回されたりするなど。

120度

月が身体で、火星が活発だとすると、活発で元気な人など。

火星からパワーが流れて月側の人が元気になるなど。

180度

月が心、火星が怒りだとすると、怒ると一気に感情を爆発させるなど。

火星側の人に月側の人は感情が刺激されて興奮しやすくなるなど。

月と木星

木星は拡大、リラックス。月はその人の私的な要素。

なので、このアスペクトは、個人的なことでリラックスしていて、無防備だったり、あるいは自分の感情を天下の一大事みたいに大げさに拡大したり。気まぐれな感じになりやすいです。

しかし、「無防備」ということは、神経質な突っ込みを入れないので、ほかの人からすると、わかりやすく扱いやすい面もあります。

0度

月が自分自身で、木星がいいね！（肯定する気持ち）だとすると、自分に甘い人など。

肯定的な木星が心などをあらわす月に重なっていると、月側の人はとても心地がよいなど。

60度

月が牡牛座で木星が魚座だとすると、自分が作った料理をＳＮＳにアッ

マークの解説

個人の性質

相性（２人の関係）

プすると勝手にどんどん広がるなど（12サインの性質を意識して解釈しています）。

👥木星側の人の協力で月側の人は私生活が豊かになるなど。

90度

👤月が自分自身で、木星が寛容だとすると、自分や人に対して寛容し過ぎてルーズになったり、いろいろ断れなかったりなど。

👥木星側の人が月側の人を甘やかせ過ぎて、月側の人はルーズになるなど。

120度

👤月が心で、木星が肯定的だとすると、いつもリラックスしていて、楽天的など。

👥木星の肯定的なパワーが流れて、月側の人はリラックスできたり、私生活に潤いがもたらされるなど。

180度

👤月が自分自身で、木星が広げる機能だとすると、自分自身に鍵がかかっていない状態で、誰が来ても断らず、いろんな人に入り込まれやすいなど。

👥月側の人は、木星側の人といると、自分を開けっぴろげになりやすく、頼まれても断れないなど。

月と土星

土星は抑制的で、押さえ込みをする天体なので、**月という私的な要素が、規則的で地味な人になりがち。**幼少期に土星に触れた……、つまり近所におじいさんやおばあさんがいて、老いた人たちの常識に影響を受けているかもしれません。

このアスペクトは苦労性の人もたくさんいます。土星がきつく働きすぎると、個人の感情を抑え過ぎて、これが長年本人を苦しめます。何かリラックスする方法を後天的に学習するといいでしょう。

マークの解説

- 個人の性質
- 相性（2人の関係）

0度

- 月が心で土星が抑えるだとすると、消極的など。
- 土星側の人は無意識に月側の人に緊張感を与えるなど。

60度

- 月が精神で、土星が安定だとすると、土星のサイン、ハウスのことをすると心が安定するなど。

👥土星側の人の協力により月側の人は安定を得られるなど。

90度

👤月が感情、土星がブレーキだとすると、感情を必要以上に抑え込むなど。
👥土星側の人の存在または言動により月側の人は不安定になるなど。

120度

👤月が心で、土星が安定感だとすると、心に安定感があるなど。
👥土星側の人といると月側の人は安心感を得られるなど。

180度

👤月が私生活で、土星が質素だとすると、私生活を質素にしていくなど。
👥土星側のいうことを月側の人は忠実に守ろうとするなど。

月と天王星

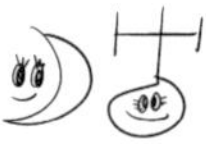

マークの解説
個人の性質
相性（2人の関係）

天王星は、身近な環境の影響を退けて、遠くの世界のものを持ち込みます。なので、そこだけ独立空間みたいになる。そして、月は私生活。なので、**「周りの人に迎合せず、独立的な私的生活を送る」というような傾向があります。**個人のキャラクターが〝田舎（＝ローカルなもの）の色〟に染まりません。家族やローカルルールに合わせず、生活リズムを作るのがよいタイプです。

0度

月が自分自身で、天王星が枠を超えるだとすると、常識にとらわれないキャラクターなど。

月側が天王星の影響により個性豊かになるなど。

60度

月が牡羊座で、天王星が水瓶座だとすると、自分がやりたいことをネット上でコミットしたら、それを見聞きした人がいろいろ情報を提供してくれるなど（12サインの性質を意識して解釈しています）。

天王星側の人の協力により月側の人の自立心が育つなど。

90度

月が感情で、天王星が独立だとすると、突然しがらみを切断するパターンを持っているなど。

天王星の影響で月側の人が突然、突拍子もない言動をするなど。

120度

月が自分自身で、天王星がすべての物事に通じる性質（普遍性）だとすると、誰からも好かれるなど。

天王星の影響で月側の人の自立心が高まったり、個性が輝いたりするなど。

180度

月が自分自身で、天王星が枠を超えるだと、ルールを破るなど。

天王星の影響で月側の人が独立に目覚めたり、自分のオリジナリティーをどんどん打ち出していこうとするなど。

月と海王星

夢の世界の海王星が月の感受性と結びつくことで**夢想的キャラクター**に。海王星の拡大は痛みを伴うことなく意識を拡張するので、エンドルフィン（幸せを感じる脳内麻薬）が分泌されたような感じです。この世ではなくあの世にいるようなフワフワした感じの人もいます。

マークの解説

個人の性質

相性（2人の関係）

0度

月がイメージで、海王星が時空を超えるだとすると、どこからどこまでが自分で、どこからどこまでが相手なのかがわからなくなったり、イメージ力が強く、時空を超えていろんなことを引き寄せる力など。

海王星の影響で月側の人が夢見がちになるなど。

60度

月が牡牛座で、海王星が魚座だとすると、スピリチュアルな発想でアロマオイルを作るなど（12サインの性質を意識して解釈しています）。

海王星側の人の働きかけにより、月側の人はすごくリラックスするなど。

90度

月が私生活で、海王星が時空を超えるだとすると、唐突に意識が時空を超えてしまうなど。

※このアスペクトの場合、スピリチュアルな世界や芸術などに関心を持つなどして海王星を積極的に使うようにすると、人生を海王星パワーに変に振り回されなくなります。

海王星側の人が月側の人の私生活を混乱させるなど。

120度

月が私生活で、海王星をスピリチュアルだとすると、スピリチュアルを私生活に自然に取り入れるなど。

海王星側の人が月側の人に夢見心地な影響を与えるなど。

180度

月が自分自身で、海王星が不思議なことだとすると、衝動的に不思議なことに向かっていくなど。

※このアスペクトの場合も90度と同様に、スピリチュアルな世界や芸術などに関心をもつなどして海王星を積極的に使うようにすると、人生を海王星パワーに変に振り回されなくなります。

海王星側の人の影響で月側の人は意識が拡大しフワフワして目の前のことに集中できないなど。

月と冥王星

マークの解説
個人の性質
相性（2人の関係）

太陽系の外との扉（異界との接点）が冥王星ですから、月（＝感情）は強烈に。**限界を超えたような感情の性質。**怒ると思い切り怖い人になりますが、いつもはぼーっとしているかもしれません。時々極限状態の体験をしないと気持ちがしゃきっとしません。月が強くなり過ぎると相対的に太陽が弱くなり、意識の目覚めの比率が減ります。

0度

月が心で、冥王星が限度を超えるだとすると、ものすごく強靭な心を持っているなど。

冥王星側の人の影響で月の人の心や体が生まれ変わるなど。

60度

月が射手座で、冥王星が天秤座だとすると、たくさんの人に会えば会うほど、どんどん元気でチャレンジ精神も旺盛になるなど（12サインの性質を意識して解釈しています）。

冥王星側の人の協力で月側の人の心や身体がパワーアップできるなど。

90度

月が感情で、冥王星が〝全部変わる〟だとすると、いきなりかつ強制的に感情が切り替わるなど。

冥王星側の人の影響で月側の人の生活や感じ方が丸ごと変わるなど。

120度

月が心や身体で、冥王星がすごい力だとすると、何かあっても、月にエネルギーがチャージされて元気に復活するなど（冥王星120度には修復してくれる機能があります）。

冥王星側の人の影響で月側の人は元気になったり健康になったりするなど。

180度

月が私生活で、冥王星が極限状態だとすると、普通では物足りなく、、限界を超える方向へひた走るなど。男性の場合、月を妻の存在とすると、妻に対して求めるものが限界を超えていたり、強烈なパワーの妻を持つ場合も。

冥王星側の人の影響で月側の人はコレと決めたことに徹底して全力を注ぎ込むなど。

水星と金星

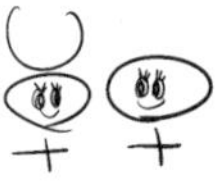

水星は情報。金星は美意識。つまり情報に美意識が絡んでくると、**美しく表現しようと思ったり、愛想よく言葉を使いたいと思うようになります。**金星は楽しく感受するので、水星の言葉をいちいち感動したり、楽しんだりします。たわいない〝アイドル・トーキング〟みたいなものも可能です。

0度

- 水星が工夫能力で、金星が美しさだとすると、デザイナー的センスを持つなど。
- 会話が盛りあがって楽しい関係。

60度

- 水星が工夫能力で金星が美的センスだとすると、それらの相互効果で素敵なものを作れるなど。
- 金星側の人の協力で水星側の人の工夫力やセンスに磨きがかかるなど。

マークの解説
個人の性質
相性（2人の関係）

90度

出生図だけでは存在しない組み合わせ。

金星側の人の好みやセンスに水星側の人は少々振り回されるなど。

120度

出生図だけでは存在しない組み合わせ。

自然と楽しい会話ができる関係。

180度

出生図だけでは存在しない組み合わせ。

金星側の人の影響で、水星側の人は常に話のなかに楽しさを見出したり、あるいは、思ったことを面白くさせたりするなど。

水星と太陽

太陽と水星は比較的距離が近いので、しばしば重なることがあります。そういう場合、水星は太陽の目的に振り回されて、〝太陽の宣伝マン〟のような役割、つまり、**太陽が抱いている目的などを水星は言葉にします。**また、太陽の影響で、大衆の前で言葉を堂々と公的に発信したりもします。

水星は情報を受信したり発信したりしますから、太陽に関係することを受信したり、発信したりします。

0度

水星が細かい作業で、太陽が目的だとすると、目的に沿って細かい作業をしていくなど。

水星側が太陽側の人の目的に沿って作業したり工夫したり伝えたりするなど。

マークの解説

個人の性質

相性（2人の関係）

60度

- 出生図だけでは存在しない組み合わせ。
- 太陽側の人の目的に対して水星側の人がこまごま役立つことをしていくなど。

90度

- 出生図だけでは存在しない組み合わせ。
- 水星側が太陽の人の目的と関係のない情報を集めてくるなど。

120度

- 出生図だけでは存在しない組み合わせ。
- 太陽側の人の目的に沿って、水星側の人は喜んでいろいろ工夫するなど。

180度

- 出生図だけでは存在しない組み合わせ。
- 太陽側の人の目的に向かって水星側の人はひたすら情報収集したり作業したりしてアウトプットしていくなど。

水星と火星

火星は興奮し、強調したりする性質がありますから、**水星の言葉を強調したり、刺激を与えたりします。**しかし、しばしば傷つけていくということもあり、水星は神経という意味合いもあるので、神経を傷つけることもあります。

また、話す時に早口になったり、いらいらしたりすることも。とはいえ、**実用性はあるため仕事は速くなります。**

0度

水星が言葉で火星が行動だとすると、無意識で、思ったらすぐ行動に移すタイプ。興奮すると誰かにすぐに伝えたくなります。また、頭の回転や仕事が速いなど。

60度

火星の影響で水星側の人の思考や言動が活発になるなど。

水星が文章で、火星がスピードだとすると、SNSのリズミカルなレス

マークの解説
個人の性質
相性（2人の関係）

ポンスなど。

火星側の人の協力により水星側の人の仕事の能率が上がるなど。

90度

水星が蟹座で、火星が牡羊座だとすると、共感しているようで（水星を使っているとき）、いきなり攻撃的な要素が出てくる（火星のスイッチがONになったとき）など（12サインの性質を意識して解釈しています）。

火星の影響で水星側の人は思ったことをすぐ口にしてしまったり神経が過敏になったり早とちりするなど。

120度

水星が神経で、火星がエネルギーだとすると、立ち直りが早いなど（火星120度は、元気なエネルギーが注入されます）。

火星の影響で水星側の人は思考が健康的になるなど。

180度

水星が言葉で、火星が興奮だとすると、話しているうちに興奮して、つい熱くなり過ぎるなど。

火星の影響で水星側の人は思考にやたらスピード感や熱さ、発表衝動が出てくるなど。

マークの解説
個人の性質
相性（2人の関係）

水星と木星

木星は増やす天体なので、水星とかかわると、たくさんしゃべるようになります。**余計なことまでしゃべるかもしれません。**木星はリラックスさせるので、気楽になって、調子にのってしゃべるという感じになってきます。

インタビューする人が木星の側なら、水星のほうは助かります。また、水星は乙女座の支配星でもあるので、**仕事が増えるという効果を水星側は期待できます。**

0度

水星が知性で、木星が広げるだとすると、博識など。

木星の影響で水星の人の話が増えるなど。

60度

水星が牡羊座で、木星が水瓶座だとすると、ネット上でやりたいことをプレゼンすると、賛同し、投資してくれるファンが出てくるクラウドフアンディングのような感じなど。

木星側の人の協力で水星側の人の仕事の幅が広がるなど。

90度

水星が言葉で、木星が増えるだとすると、話が脱線していくなど。

木星の影響で水星側の人は話が脱線したり、余計なことまで話をしたりなど。

120度

水星が言葉で、木星が増えるだとすると、ボキャブラリーが豊富など。

木星の影響で水星側の人の仕事が増えたり、神経が穏やかになったりなど。

180度

水星が言葉で、木星が増えるだとすると、話し出すと止まらないなど。

木星の影響で水星側の人の話が止まらなくなるなど。

水星と土星

土星は慎重で硬質です。水星に対して抑制する作用があったり、また**確実なものを要求し、憶測といった想像を許さない姿勢になることもあります。**

土星は型にはめてしまうので、水星からすると、ちょっとしたアイデアなどは無視されることもあり、**場合によってはテンションが落ちていきます。**

0度

水星が仕事能力で、土星がプロだとすると、一つの分野において、プロフェッショナルなど。

土星の影響で水星側の人は少々神経が追い詰められたり自信をなくしたりするなど。

60度

水星が細かい作業で、土星が資格だとすると、資格を取ることで技術を

マークの解説

個人の性質

相性（2人の関係）

活かせるなど。

土星側の人の協力で水星側の人は作業したことを形にしたり仕事に安定感が得られるなど。

90度

水星が言葉で、土星が落とすだとすると、唐突に相手のモチベーションを下げる言葉を発してしまうなど。

土星側の人が水星側の人の話や仕事などに威圧感やブレーキを入れてくるなど。

120度

水星が仕事能力で、土星が計画だとすると、計画通りに仕事をこなすなど。

土星の影響で水星側の人は仕事を着実にこなすなど。

180度

水星が情報で、土星が全体的に把握だとすると、ある分野については、いろいろ全体的に知っていて、それを表現していくなど。

土星側の人のルール下で水星側の人は仕事をしたり知識を増やすなど。

水星と天王星

天王星は身近なものを退けて、遠いものを持ち込みます。つまり水星の視野が広がり、**奇抜なアイデアなどを提供する**ことになります。しかし誰かと話しているときに相手の話の腰を折ったりするなど、変則的な影響が強過ぎて、**扱いにくい人になる場合もあります。**

0度

- 水星が思考で、天王星が枠を超えるだとすると、宇宙的発想など。
- 天王星の影響で、水星の人は思考が冴えたり、または興奮しやすい性質になるなど。

60度

- 水星が仕事能力で、天王星が友人だとすると、友人の協力があって仕事がうまくいくなど。
- 天王星の影響で水星側の人はアイデアが増して生産性が上がるなど。

マークの解説
- 個人の性質
- 相性（2人の関係）

90度

水星が言葉、天王星が枠を超えるだとすると、唐突に予想外のことをいうなど。

※このアスペクトの場合、ラジカルな発想や言動を仕事などに活かすと、変に天王星に振り回されなくなります。

天王星の影響で水星側の人は突拍子もない発言をしたり仕事を急に変えるなど。

120度

水星が思考で、天王星が枠を超えるだとすると、広い視点で物事を考えることができるなど。

天王星の影響で水星側の人は幅広い視点で物事をとらえることができるなど。

180度

水星が言葉で、天王星が枠を超えるだとすると、話したり書いたりすることが過激であったり暴走しやすいなど。

※このアスペクトの場合、ラジカルな発想や言動を仕事などに活かすと、変に天王星に振り回されなくなります。

天王星の影響で水星側の人は思考や言動が過激になったり止まらなくなるなど。

水星と海王星

海王星は無意識からの情報などを取り出しますから、それが水星に影響を与えると、**霊感としてあらわれ、それを提供することがあります。**しかし実際的には振り回されることが多いので、**このアスペクトの扱いに慣れてない人からすると混乱のもととなり、正常な判断ができなくなったりします。**慣れている人は〝高度な人〟です。

0度

水星が言葉で、海王星が時空を超えるだとすると、話したり書いたりするときに、ファンタジーな感じが同時に出てくるなど。

海王星の影響で想像力が豊かになるなど。

60度

水星が仕事能力で、海王星がスピリチュアルだとすると、スピリチュアルな人から仕事のアドバイスをもらうなど。

海王星側の人の協力により水星側の人は仕事の可能性が大きく広がるな

マークの解説

個人の性質

相性（2人の関係）

ど。

90度

🚹水星が言葉や作業で、海王星が時空を超えるだとすると、作業中に唐突に時空を超えて、フワフワしてしまうなど。

※このアスペクトがある場合は、海王星のイメージ力や芸術性を積極的に仕事などに使うと、変に海王星に振り回されなくなります。

🚹🚹海王星の影響で水星側の人はうっかりミスや思考の散漫など集中力が乱れるなど。

120度

🚹水星が言葉で、海王星が時空を超えるだとすると、不思議なことを楽しく言語化したり、言霊によって、いろいろ引き寄せるなど。

🚹🚹海王星パワーで水星側の人の思考やイメージがどんどん広がるなど。

180度

🚹水星が思考で、海王星が妄想だとすると、妄想癖が止まらないなど。

※このアスペクトがある場合は、海王星のイメージ力や芸術性を積極的に仕事などに使うと、変に海王星に振り回されなくなります。

🚹🚹海王星の影響が水星側の人をずっと刺激するので思考の広がりやイメージが際限なく広がるなど。

水星と冥王星

冥王星は太陽系の外との扉。つまり限界を超えた向こう側のものを持ち込みます。水星に対して強い圧力をかけますが、水星としては、**いままでの自分を超えるような力を開発できるチャンスが出てきます。**しかし、これに耐え切れる人はあまり多くはないかもしれません。何か打開したいことがある人にとって、このアスペクトは利用できるでしょう。

マークの解説
個人の性質
相性（2人の関係）

0度

水星が仕事能力で、冥王星が限界を超えるだとすると、とことん仕事をするなど。

冥王星の影響で水星側の人はとことん追求する性質が出てくる、または考え方が丸ごと変わるなど。

60度

冥王星のサインやハウスのことを意識して使うと、水星の限界を超えた力が発揮できるなど。

冥王星の影響で水星側の人にあきらめないパワーが投入される。

90度

水星が思考で、冥王星が極限状態だとすると、思考が限度を超え過ぎて、フリーズしてしまうことがあるなど。しかし、このフリーズを経験することで新しい回路ができます。

冥王星の影響で水星側の人の考え方や発言が極端に偏るなど。

120度

水星が神経で、冥王星がすごい力だとすると、凹んでも立ち直る力があるなど（冥王星120度には修復してくれる機能があります）。

冥王星パワーで水星側の人は粘り強く仕事力、深みのある発言力、または凹むことがあっても立ち直る力が得られるなど。

180度

水星が言葉で、冥王星が超越した力だとすると、言葉がパワフルで、説得力があるなど。

冥王星の影響で水星側の人は徹底的に掘り下げて考えたり、あるいは、何がなんでも意見を通そうとする力を持つなど。

マークの解説
- 個人の性質
- 相性（2人の関係）

金星と太陽

太陽の影響を金星が受けると、金星は**正々堂々と自分を押し出せます**。また、太陽が金星の影響を受けると、**自己主張がソフトで、わかりやすい表現をしようとします**。

基本的に金星は太陽に甘えたい傾向があり、アスペクトの種類次第ですが、金星は楽しく明るく愛想よくなります。

0度

- 金星が若者で、太陽が仕事だとすると、若者に囲まれて仕事をするなど。
- 太陽側の人の影響で金星側の人はセンスが光ったり社交的になったり輝けるなど。

60度

- 出生図だけでは存在しない組み合わせ。
- 太陽側の人の協力で金星側の人は楽しさが増したり、好きなことをして輝けるなど。

90度

出生図だけでは存在しない組み合わせ。

太陽側の人の好意や応援を金星側の人は無駄にさせたり気づかないなど。

120度

出生図だけでは存在しない組み合わせ。

太陽側の人の存在が金星側の人を明るく楽しくさせるなど。

180度

出生図だけでは存在しない組み合わせ。

金星側の人が太陽側の人の影響を積極的に吸収したり学んだりしていくなど。

金星と火星

天体の配置的に、地球を挟んだ内側が金星。外側が火星。つまり振幅が大きくなり、感情表現もオーバーになり、**わくわく楽しい状態をどんどん生み出そう**とします。

これは男女の相性にも関係し、**女性（金星）と男性（火星）が、それぞれ相手にどうアピールするかということを示します。**

0度

- 金星がお金で、火星が稼ぐ力だとすると、お金を稼ぐ力など。
- お互い異性として魅力を感じやすいなど。

60度

- 火星のサインやハウスのことを意識して取り入れることで金星の楽しさが活性化されるなど。
- お互い楽しいレスポンスができる、ときめく関係。

マークの解説

- 個人の性質
- 相性（2人の関係）

90度

金星が女性で、火星が男性だとすると、いつも、振り回されたり、満足できない相手を好きになってしまうなど。

金星側の人が求めていることと火星側の人の言動にギャップがあり、少々ストレスを生じる関係。

120度

金星が女性で、火星が男性だとすると、楽しい恋愛など。

火星側の人は金星側の人を楽しくさせ、金星側の人は火星側の人のテンションを上げる関係。

180度

金星が女性で、火星が男性だとすると、異性に対してアピールする力を持つなど。

互いに自分にはない魅力を放っているので、興味を持ちやすいなど。

マークの解説
個人の性質
相性（2人の関係）

金星と木星

木星は拡大しますから、金星の表現が大げさになったり贅沢になったりします。一緒に買い物に行った場合、金星が何かを買うとすると、「そんな安いものでいいの？」と煽るなど、リッチな方向に仕向けます。金星も拡大傾向がありますから、木星のノリに簡単に同意してしまいます。したがって、これは**浪費癖という意味もあります。**

とはいえ、「自分が地味で嫌だな」と思っている人にはいい影響でもあります。

0度

金星が美しさで、木星が増えるだとすると、華やかで目立つなど。

木星の影響で金星側の人の社交性や華やかさが増すなど。

60度

金星がかわいいもので、木星が海外だとすると、海外のかわいいものを買いつけてくるバイヤーなど。

木星側の人の協力で金星側の人の好きな世界が広がるなど。

90度

金星がお金で、木星が広げるだとすると、必要以上に浪費するなど。

木星の影響で金星側の人はわがままになったり無駄づかいが増えたり好きなことを我慢しなくなるなど。

120度

金星が人間関係で、木星が楽天的だとすると、穏やかな人間関係など。

木星の影響で金星側の人は明るく楽しく輝けるなど。

180度

金星が楽しさで、木星が広げるだとすると、楽しいことを大げさにアピールしていくなど。インスタで〝かわいさアピール〟するのは、このタイプ。

木星の影響で金星側の人がとことん好きなことを広げていったり表現していくなど。

金星と土星

土星は型にはめて、ずっと同じことをしようとしますから、金星の楽しもうとする能力も型にはめてしまい、金星としては身動きがとれないような違和感を持つこともあります。

とはいえ、「型にはめたものが美しい」という存在もあります。古典的なものです（例　庭園、華道）。こういうときには、この土星の影響はよい意味をもたらします。

また、繰り返しということで芸事などにずっと携わるような場合にはいいアスペクトです。気まぐれを許しません。

マークの解説
- 個人の性質
- 相性（2人の関係）

0度

- 金星が恋愛で、土星が遅れるだとすると、恋愛に関して奥手など。
- 土星の影響で金星側の人の楽しさやお金が制限されたり管理されるなど。

60度

- 金星が趣味で、土星が形にするだとすると、土星のサインやハウスのことをすると、趣味だったものをきちんと形にすることができるなど。

土星の人の協力で金星側の人の趣味や恋愛などが長続きしたり、形になったりなど。

90度

金星が楽しさで、土星がそぎ落とすだとすると、楽しいときに唐突にブレーキがかかるなど。

土星側の人が金星側の人の楽しみやお金、恋愛などにブレーキをかけてくるなど。

120度

金星がお金で、土星が安定だとすると、金銭管理能力があるなど。

土星の影響で金星側の人間関係、お金、恋愛などに安定感が得られるなど。

180度

金星が女性で、土星が管理だとすると、女性に対してやたら厳しいなど。

土星側の人が金星側の人の楽しみを無意識にコントロールしがちなど。

金星と天王星

天王星は遠いものを持ち込みます。金星はセンスや美意識をあらわすので、**新鮮なセンスを発揮する刺激が与えられます。**
また、天王星がネットや電波の世界だとすると、金星の趣味がその方向に広がる（漏洩する）ということも。ローカルな趣味を打破できます。突然、〝冴えたセンス〟が身についてしまうこともあります。

0度

金星が美的センスで、天王星がオリジナリティーだとすると、優れた美的センスを持つなど。

天王星の影響で金星側の人のセンスや魅力がひときわ目立つなど。

60度

金星がファッションで、天王星がＩＴだとすると、試着したい服を自由に着せ替えることができるアプリの開発など。

天王星の影響で金星側の人の社交性が高まったり明るく楽しい雰囲気に

マークの解説
個人の性質
相性（２人の関係）

なるなど。

90度

金星が恋愛で、天王星が刺激だとすると、普通の恋愛じゃ満足できないなど。

天王星の影響で金星側の人はエキセントリックなセンスを発揮できるなど。

120度

金星が人間関係で、天王星がすべての物事に通じる性質だとすると、誰とでも自然に仲良くなれるなど。

天王星の影響で金星側の人は誰にでも好かれる雰囲気やキラリと光る存在感を持つなど。

180度

金星がメイクやファッションで、天王星がエキセントリックだとすると、インパクトのあるメイクやファッションで多くの人にアピールする力があるなど。

天王星の影響で金星側の人は能動的に趣味や好きなことなどをどんどん表現していくなど。

金星と海王星

金星の美意識や趣味性に、海王星が夢幻的な影響を与え、また古い・新しいという時間軸など関係なしに、**可能性の幅を思い切り拡大**します。しかし、**何かしら実際性に欠けてくる**ので、実績は期待しないほうがいいでしょう。とくに金星はお金にも関係しますから、お金の無駄などが発生しやすいでしょう。

0度

金星が女性で、海王星が幻想的だとすると、幻想的な女性など。

海王星の影響で金星の人の感性、趣味性、芸術性が広がるなど。

60度

金星が楽しさで、海王星が神社だとすると、神社巡りで楽しさが広がるなど。

海王星側の人の協力で金星側の人の収入源が増えるなど。

マークの解説

個人の性質

相性（2人の関係）

90度

金星が恋愛で、海王星が妄想だとすると、恋愛に妄想をいだき過ぎるなど。

海王星の影響で金星側の人の無駄づかいが増えるなど。

120度

金星が趣味で、海王星が時空を超えるだとすると、目に見えない世界のことも興味を持ったり楽しめる人など。

海王星の影響で金星側の収入源や人間関係が自然に幅広くなるなど。

180度

金星がお金で、海王星が広がり過ぎるだとすると、お金を使い過ぎるなど。

海王星の影響で金星側の人は感性、趣味、芸術または恋愛に関する活動を制限なく広げていくなど。

金星と冥王星

マークの解説
個人の性質
相性（2人の関係）

金星の趣味性に、冥王星の極限性が加わるため、趣味の世界が強烈に濃くなったりします。つまり、「いままでは遠慮していたけど、こうなったら周りのことは気にせず、自分の好みを思い切り深めていこう」というような影響です。**金星を持つ人が冥王星の持ち主の趣味に洗脳されてしまい、冥王星の持ち主の好みの方向のことをせざるを得なくなることも。**

0度

- 金星が趣味で、冥王星が徹底的だとすると、オタクな人など。
- 冥王星の影響で金星側の人は好きなことにとことんハマルなど。

60度

- 金星がお金で、冥王星がすごい力だとすると、冥王星のサインやハウスのことをするとお金が増えるなど。
- 冥王星の影響で金星側の人は趣味や恋愛など、楽しいことにどんどん打ち込み、そこから何かを生み出せるなど。

90度

金星が趣味で、冥王星が極端だとすると、極端な趣味に走るなど。

冥王星の影響で金星側の人は恋愛や買い物などに極端に走りやすくなるなど。

１２０度

金星が恋愛で、冥王星がすごい力だとすると、恋愛で落ち込んでも立ち直るパワーがあるなど（冥王星１２０度には修復してくれる機能があります）。

冥王星の影響で金星側の人はどんどん楽しく輝けるなど。

１８０度

金星の欲望で、冥王星が徹底的だとすると、冥王星のスイッチが入ると極限状態まで欲望に取りつかれるなど。

冥王星の影響で金星側の人は金星的な楽しみや欲望を止めることができなくなるなど。

太陽と火星

占星術で使う太陽は「地球」のことです。火星は地球のすぐ外側で、火星は太陽を乗せてしまいますから、**ついやり過ぎになるし、火星は太陽を荒っぽく扱うことも。**太陽からするとやる気が出ますが、「どうもいつもの自分と違うな」と感じます。しかも本来、火星は一時的にスイッチが入るくらいがほどよいので、常にスイッチが押されて刺激されている状態は困りものです。

0度

太陽が目的で、火星が行動だとすると、行動力のある人など。

火星の影響で太陽側の人は人生の方向性や目的に対してやる気・行動力がプラスされるなど。

60度

太陽が仕事で、火星が熱さだとすると、アクション映画の鑑賞や、情熱的な人の話を聞いたり、テンションが上がる音楽を聴くといい仕事がで

マークの解説
個人の性質
相性（2人の関係）

きるなど。

火星側の人の協力で太陽側の人は目的に向けて行動を加速したり生産力がアップするなど。

90度

太陽が目的で、火星が興奮だとすると、突如として攻撃性が出てきたり、いい過ぎややり過ぎなど、暴走によるトラブルを作り出すなど。

火星側が太陽側の人に余計なことをいったり、行動をとったりして太陽側の人をイライラさせるなど。

120度

太陽が目的で、火星が行動だとすると、目的と行動に矛盾がない。目的をサクサク遂行するなど。

火星の影響で太陽側の人の目的がスムーズに遂行されたり加速するなど。

180度

太陽が目的で、火星が興奮や行動だとすると、目的を達成するために、積極的に行動し、派手に押し出していったり、情熱的に主張していくなど。

火星の影響で太陽側の人はいろいろやり過ぎる傾向など。

太陽と木星

木星は拡大の天体ですから、太陽の**目的意識を実現しやすくします。**
しかし、木星がおかしな刺激をすると、本来の目的から脱線し、余計なことをして後で「しまった！」と後悔することも。
なお、**木星はリラックスさせる性質を持つので、太陽は気楽になります。「のびのびやってもいいんだ」という気分になります。**

0度

太陽が仕事で、木星が発展だとすると、チャンスに恵まれるなど。

木星の影響で太陽側の人はチャンスに恵まれる。また、太陽側の人はリラックスできるなど。

60度

太陽が射手座で、木星が天秤座だとすると、人脈の広がりで、仕事のレベルが上がるなど（12サインの性質を意識して解釈してます）。

木星側の人の協力で太陽側の人の仕事や目的が発展するなど。

マークの解説

個人の性質

相性（2人の関係）

90度

太陽が人生の方向性で、木星が広げるだとすると、目的以外の方向にいろいろ広がり過ぎてしまうなど。しかしながら、横にそれていった分だけ、人生の枠は広がっていきます。

木星の影響で太陽側の人の行動が目的からずれた方向にいろいろ広がっていくなど。ただ人生や仕事の枠は広がります。

120度

太陽が仕事で、木星が広げるだとすると、仕事が自然に楽しく広がっていくなど。

木星の影響で太陽側の人が自然と発展していくなど。

180度

太陽が仕事で、木星が広げるだとすると、仕事を広げ過ぎる、断れなさ過ぎるなど、〝やり過ぎ感〟が出てきます。

木星の影響で太陽側の人の人生の方向性や創造力、仕事などが発展するため、「来るもの拒まず」になりがちなど。

太陽と土星

土星は枠にはめてしまうので、こうあるべきとか、こうに決まってるという決めつけをします。太陽はその人の目的意識ですが、それを型にはめて解釈するので、太陽からすると、可能性を狭められた気分になります。**太陽からすると居心地が悪いかもしれません。**

0度

太陽が人生観で、土星が枠だとすると、決まったコースに進んでいくなど。

土星側の人が太陽側の人に制限をかけるなど。

60度

太陽が目的で、土星が資格だとすると、目的達成のために資格が役に立つなど。

土星側の人の協力で太陽側の人の方向性がかたまったり安定感が得られたりするなど。

マークの解説
個人の性質
相性（2人の関係）

90度

太陽が仕事で、土星がそぎ落とすだとすると、仕事が否定されたり、仕事に邪魔が入ったりするなど。

土星側の人の存在が太陽側の人の目的や仕事に唐突にブレーキをかけて負荷をかけてくるなど。

120度

太陽が仕事で、土星が規則的だとすると、規則的に正確に仕事をこなすなど。

土星側の人の存在が太陽側の人の目的や仕事などに安心感・安定感を与えるなど。

180度

太陽が人生の方向性で、土星が師匠だとすると、「何があっても師匠についていきます」といった雰囲気など。または、太陽の人は、自分の人生の経験をルール化（土星）し、それを発表していくなど。

太陽側の人が土星側の人のいうことを聞きがちなど。

太陽と天王星

マークの解説
個人の性質
相性（2人の関係）

太陽は目的意識ですが、天王星はより広い視点から太陽に刺激を与え、また突破力のようなものを提供したり、独立性を促したりします。たとえば、ローカルな場所で活動している人に、「海外にでも行ってのびのびした気持ちで発展させていこうよ」といった刺激です。

太陽からすると、目からうろこが落ちるような影響がありますが、無理なことを要求されるかもしれないアスペクトです。

0度

（個人）太陽が人生の方向性で、天王星がオリジナルだとすると、自由な人生スタイルなど。

（相性）天王星の影響で太陽側の人の価値観が変わったり、仕事を変えたりオリジナリティーを活かすようになるなど。

60度

（個人）太陽が人生を創造する力で、天王星がオリジナルだとすると、独立することで自分の人生を積極的に構築していくなど。

天王星側の人の協力で太陽側の人は仕事のオリジナル度、面白さ、生産性が上がるなど。

90度

太陽が人生観で、天王星が改革だとすると、人生を刷新する衝動など。

天王星の影響で太陽側の人が仕事を変えたり独立したりするなど。また自己主張も強まる。

120度

太陽が人生づくりで、天王星がすべての物事に通じる性質（普遍性）だとすると、いろんな人から親しまれる雰囲気など。

天王星の影響で太陽側の人が幅広い人から支持を得るなど。

180度

太陽が仕事で、天王星が枠を超えるだとすると、組織の枠の中にはまれず反発したり、どんどん超越したくなる衝動など。自由な環境に向いている。

天王星の影響で太陽側の人は自分の独自性をそのまま突き通していこうとするなど。

太陽と海王星

マークの解説

個人の性質

相性（2人の関係）

太陽は人生の発展力。海王星は太陽に夢をたくさん与えますが、ときどき実体のない夢を与えたりすることもあり、この場合、ただ振り回しただけの結果に。いきなり大きなプールに投げ込まれた気分。とはいえ、**自分の限界を打破できるアスペクト**なので、これをうまく利用するといいでしょう。ただし、ぼーっとして時間を無駄にし、後悔することもあるので要注意のアスペクト。

0度

太陽が人生づくり、海王星がイメージだとすると、大きなビジョンを持った人生観など。

海王星の影響で太陽側の人は直感力が増すなど。いろんな情報が入ってき過ぎて人生が混乱することも。

60度

太陽が仕事で、海王星が夢見力だとすると、夢からのお告げで仕事がうまくいくなど。

👫 海王星側の人の協力で太陽側の人の発展力が増すなど。

90度

🚹 太陽が人生観で、海王星があいまいだとすると、変なトラブルに振り回されるなど。

※このアスペクトの場合は、海王星（スピリチュアル・芸術・癒しなど）を積極的に関心を持ったり使っていくと、変に海王星に振り回されることは避けられます。

👫 海王星の影響で太陽側の人の仕事や人生が幻想や想像に振り回されるなど。

120度

🚹 太陽が人生の方向性で、海王星が引き寄せ力だとすると、引き寄せの法則などで人生を素敵に導くなど。

👫 海王星の影響で太陽側の人の願望が実現しやすくなるなど。

180度

🚹 太陽が人生の方向性で、海王星が妄想だとすると、誇大妄想など。

※このアスペクトの場合は、海王星（スピリチュアル・芸術・癒しなど）を積極的に関心を持ったり使っていくと、変に海王星に振り回されることは避けられます。

👫 海王星の影響で太陽側の人の誇大妄想が暴走するなど。

太陽と冥王星

太陽は目的意識。そこに冥王星が強烈なインパクトを与えます。アスペクト次第ではありますが、強化することもあれば、へし折ることもあり、いずれにしても**中途半端な状況にはなりにくく、何か強制力のような感じで迫ってきます。**

ただし、冥王星は公転周期が長いので、個人が与えてくる影響というより、その年齢の人みんなが同じ影響をもたらします。

0度

太陽が仕事で、冥王星が極限状態だとすると、冥王星のスイッチが入ったときに仕事をものすごくするなど。

冥王星の影響で太陽側の人はいざというときの底力を得るなど。

60度

太陽が人生の方向性で、冥王星が底力だとすると、冥王星のサインやハウスのことをすると人生を作っていく力がみるみる蘇っていくなど。

マークの解説

個人の性質

相性（2人の関係）

👫冥王星側の人の協力で太陽側の人の目的を達成させる力がアップするなど。

90度

🚹太陽が仕事で、冥王星が全部変わるだとすると、冥王星のスイッチが入ったときに仕事が丸ごと変わるなど。

👫冥王星の影響で太陽側の人の人生観や仕事に大きな変化が生じるなど。

120度

🚹太陽が目的で、冥王星がすごい力だとすると、ダメになったとしても再生する力など（冥王星120度には、修復してくれる機能があります）。

👫冥王星の影響で太陽側の人が挫折をしても復活するパワーを得るなど。

180度

🚹太陽が目的で、冥王星が徹底的だとすると、限界を超えてもやり抜くパワーなど。

👫冥王星の影響で太陽側の人は仕事や目的のために限界以上のパワーを発揮するなど。

火星と木星

火星と木星は、母艦と、そこから飛び立つ戦闘機のような関係です。身体でいえば肝臓と胆汁です。

火星は木星によって活性化し、**やる気が出ます。**しかし90度のアスペクトだと筋違いに飛び出します。木星にはとげがないので、そうした筋違いの行動も笑いになります。

0度

火星が行動で、木星が広げるだとすると、ノリがよく、明るく、どんどん動く感じなど。

木星の影響で火星側の人の行動力・企画力が高まるなど。

60度

木星のサインやハウスを意識して取り入れることで、火星の稼ぐ力がアップするなど。

木星の影響で火星側の人の行動や企画力が発展していくなど。

マークの解説
個人の性質
相性（2人の関係）

90度

火星が勢いで、木星が広げるだとすると、違う方向に広がってしまうなど。悪ノリ。

木星の影響で火星側の人は無駄の多い動きをするなど。

120度

火星が行動で、木星が「いいね！（肯定する気持ち）」だとすると、いつも楽しくノリがいいなど。

木星の影響で火星側の人の言動が自然と社会に認められやすいなど。

180度

火星が行動で、木星が広げるだとすると、衝動的かつ、大げさにどんどん行動していくなど。

木星の影響で火星側の人はノリよくどんどん行動していくなど（少々やり過ぎる傾向）。

火星と土星

マークの解説
個人の性質
相性（2人の関係）

火星にとっての天敵みたいなものが土星。土星は火星を殺すこともあります。しかし、うまく使うと、**「集中力」「無駄なことはしない」「効率的」**ということに。

仕事ができる人は、しばしば火星と土星のアスペクトを持ちます。ただし、**リラックスはしにくいです。**

0度

火星が行動で、土星が無駄を嫌うだとすると、集中力があり、効率的で無駄がない行動など。

火星側の人の行動を土星側の人が管理したり制限するなど。

60度

土星のサインやハウスを意識して取り入れることで、火星のパワーを要領よく活用することができるなど。

土星側の人の協力で火星側の人は無駄なく行動できるなど。

90度

火星が行動ややる気で、土星が制限だとすると、土星がブレーキをかけてくるのでやる気がなくなるなど。

土星側の人が火星側の人の行動にブレーキをかけ、火星側の人のやる気が損なわれるなど。

120度

火星が行動で、土星が規則的だとすると、計画的かつ正確に行動するなど。

土星の影響で火星側の人が計画的に効率よく行動できるなど。

180度

火星が行動で、土星が枠だとすると、目的をはっきりさせると高度な集中力と実行力がわいてくるなど。ただし、やり過ぎる傾向あり。

土星側の人の思惑に沿って火星側の人は行動するなど（火星側の人に少々ストレスが生じることも）。

火星と天王星

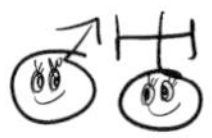

火星は機械。天王星は電気のような感じで、**技術職**の人に、このアスペクトを持つ人がよくいます。

天王星は、火星の行動に独立性や独自性をもたらします。**あまり人に合わせなくなるかも**しれません。「迎合しない」という影響を与えるのです。

0度

火星が行動で、天王星が枠を超えるだとすると、周囲の人に合わせず、自由に行動するなど。

天王星の影響で火星側の人は独自の行動力を発揮するなど。

60度

火星が切り込むで、天王星が機械だとすると、歯科医師など。

天王星側の人の協力で火星側の人は面白い活動や新しい挑戦をするなど。

マークの解説

個人の性質

相性（2人の関係）

90度

火星が行動で、天王星が刺激だとすると、たまに常識を超えた行動をしてしまう、興奮しやすいなど。

※火星と天王星の組み合わせの衝動性は、仕事やスポーツなどに活用すると、逆に生かせます。

天王星の影響で火星側の人は興奮しやすくなったり刺激をより求めるなど。

120度

火星が行動で、天王星が独自性だとすると、自分のやり方で実行するなど。

天王星の影響で火星側の人は行動の幅が広がったり自由スタイルで動くなど。

180度

火星が行動で、天王星が独自性だとすると、誰にも染まらず自分らしさを過剰に打ち出していくなど（衝動的でコントロールしにくいことも）。

※火星と天王星の組み合わせの衝動性は、仕事やスポーツなどに活用すると、逆に生かせます。

天王星の影響で火星側の人は興奮しやすくなったり、何にも染まらず活動していくなど（衝動的でコントロールしにくいことも）。

火星と海王星

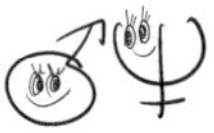

海王星がたくさんイメージを提供し、火星はそれらを全部実行しようとするので、思いついたことをすべて行うということで、**やり過ぎになる傾向**はあります。また、根拠のない、突発的な刺激によって行動することも。**うっかりしたことをした後で、「あのときの自分はどうかしてました」といった展開になることも。**

0度

火星が興奮で、海王星が不思議だとすると、不思議なことに興奮するなど。

海王星の影響で火星側の人は不思議なことに興味を持ったり行動があやしくなるなど。

60度

火星が元気の源で、海王星がスピリチュアルだとすると、遠隔ヒーリングで元気になるなど。

マークの解説

個人の性質

相性（2人の関係）

海王星側の人の協力で火星側の人の活動の幅がジャンルを問わず広がるなど。

90度

火星が集中力で、海王星が時空を超えるだとすると、集中力が散漫になるなど。

海王星の影響で火星側の人の行動があれもこれも中途半端になったり錯乱するなど。

120度

火星が稼ぐ力で、海王星がイメージだとすると、イメージを仕事に活かせるなど。

海王星の影響で火星側の人は夢実現に向けた行動力が高まるなど。

180度

火星が行動、海王星が広がり過ぎだとすると、思いついたことを、あれもこれもとやり過ぎるなど。

海王星の影響で火星側の人は海王星的なことに興奮し行動していくなど。

火星と冥王星

冥王星は、火星に根性や底力を提供しますが、しばしば火星を窮地に追い込むので、**これ以上にハードなアスペクトというのはないです。知らず知らずのうちに極端なことをしてしまう**ので、注意する必要があります。しかし、強烈なパワーを提供されるので、万策が尽きたときなど、場合によってはほしい能力でもあります。

0度

火星が行動で、冥王星が極限状態だとすると、やるときは徹底的にやるなど。窮地に追い込まれたときにはすごいパワーを発揮する。

冥王星の影響で火星側の人はスイッチが入ったときに徹底的にやり抜くが、その分、プレッシャーも強くなるなど。

60度

火星が元気の源で、冥王星がすごい力だとすると、冥王星のサインやハウスのことをすると火星にエネルギーがチャージされて元気になるなど。

マークの解説

個人の性質

相性（2人の関係）

冥王星側の人の協力で火星側の人のパワーが回復するなど。

90度

火星が興奮や行動で、冥王星が極限状態だとすると、徹底的に限度を超えてやり過ぎたり、隔たった攻撃性として出たり、事故に遭ったりケガをしやすいなど。

冥王星の影響で火星側の人に攻撃性が出じるなど。

120度

火星がバイタリティで、冥王星がすごい力だとすると、エネルギーを使い切っても復活することができるなど（冥王星120度には、修復してくれる機能があります）。

冥王星の影響で火星側の人のパワーがチャージされるが、その分いろいろ頑張り過ぎる傾向があるなど。

180度

火星が行動で、冥王星が徹底的だとすると、徹底的な行動力など。とことんやり抜く感じ。

冥王星の影響で火星側の人はターゲットを決めて徹底的に取り組むなど。

木星と土星

木星の発展力に、土星が方向性をつけていきます（これはいいけど、あれはだめなど）。この土星の枠の中で発展させるというのは、何か〝飼われている〟ような気がして、**人によっては不快**なこともあります。しかし土星の側はそのことにまったく無自覚です。木星が何か文句をいっても、理解しないかもしれません。

0度

木星が広げるで、土星が枠だとすると、規則をまもって広げるなど。

60度

木星が増えるで、土星が無駄を嫌うだとすると、土星のサインやハウスのことをすることで、無駄なく、メリットがあることだけ、増やしていくことができるなど。

90度

木星が増やすで、土星が減らすだとすると、増やしたと思ったら減らし

キャメ解説

天体の影響

天体の影響が個人レベルにおいて影響を実感できるのは、わたしの経験からいうと、だいたい火星に対してくらいまでなので、本書では「木星と土星」以降の相性（２人の関係）は割愛します。

たり、減らそうと思ったら増やしたりなど。

120度

木星が広げるで、土星が先生だとすると、わかりやすく楽しく教えていくなど。

180度

木星が広げるで、土星がフォーマットだとすると、ルールの中で発展していくなど。

木星と天王星

遠いものを持ち込み、それを木星が発展させようとします。つまり新しいアイデアがあると、それを実現したくなる。〝**新しもの狩り**〟のような感じにもなってきます。天王星はいつも新しいからです。

精神面では、**開放的な気分**も味わいます。したがって、フレンドリーな雰囲気になっていきますが、人によっては、こうしたノリが「飽きるな」と思うこともあります。

0度

木星が広げるで、天王星が新しいことだとすると、新しいことを広げるなど。

60度

木星が発展で、天王星が友人だとすると、友人関係の発展または、友人と協力し合うと何かしら発展しやすいなど。

90度

木星が広げるで、天王星が枠を超えるだとすると、全然違うところで広がっていくなど。

120度

木星が広げるで、天王星が変わったことだとすると、斬新なことを広げるなど。

180度

木星が広げるで、天王星が改革だとすると、積極的にどんどん改革していくなど。イノベーション！

木星と海王星

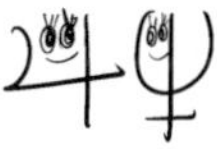

この組み合わせは〝理想主義的〟です。夢のような話を形にしたいと考えます。また、**人がいいため、意地悪な陰謀論のような内容は考えません。**「世の中のすべての人はいい人だ」といった気分にさせられやすいです。

ただし、理想主義的とはいえ、何をどこに発展させていいのか、よくわからないまま、その場の口車《くちぐるま》などに乗せられる場合もあり、**注意深くしようにもコントロールしにくいアスペクト**です。

0度

木星が広げるで、海王星が夢だとすると、理想主義的など。

60度

木星が海外で、海王星がスピリチュアルだとすると、海外の有名な霊能者など。

90度

木星が広げるで、海王星が時空を超えるだとすると、広がり過ぎたり、いいものも悪いものどんどん侵入してくるので、膨らみ過ぎて手に負えなくなってしまう傾向など。

120度

木星が「いいね！（肯定する気持ち）」で、海王星が癒しだとすると、親切で優しい感じなど。

180度

木星が広げるで、海王星が夢だとすると、夢や理想を掲げて、どんどん押し出していく感じなど。

木星と冥王星

木星の増やす力を冥王星が強制的に強化するので、**強引さや押しの強さ、態度の大きさなどが出てくる**場合があります。

しかし、せせこましく生きている人からすると、ダイナミックな人生になるチャンスが訪れるともいえます。

0度

木星が広げるで、冥王星がすごい力だとすると、組織のトップやカリスマなど。

60度

木星がお金で、冥王星がすごい力だとすると、冥王星のサインやハウスのことをするとお金が増えるなど。

90度

木星が広げるで、冥王星がすごい力だとすると、思いがけない方向に強力に広げ過ぎる。権力乱用など。

120度

木星が社会性で、冥王星がすごい力だとすると、社会に的しての影響力など。

180度

木星が広げるで、冥王星が極端だとすると、極限状態まで広げたり増えたりすることを好むなど。

土星と天王星

土星は古い慣習を続けようとします。天王星は改革を要求するので、ここで**基本的には摩擦が生じやすい**です。

また、土星と天王星が組み合わさると「正確さ」となり、**遊びの部分がなくなるので、なかなかしんどい**です。

0度

土星が計画で、天王星が機械だとすると、よくも悪くも正確で精密な感じなど。

60度

土星が形にするで、天王星が機械だとすると、機械の力を借りて形にするなど。

90度

土星が古いものを維持するで、天王星が自由や改革だとすると、唐突に、刷新したり、独立したり、オリジナル化したりするなど。

120度

土星が厳密さで、天王星が独自性だとすると、物事の最短、正確さ、効率の良さを重視する合理主義など。

180度

土星が無駄を省くで、天王星が改革だとすると、一心不乱に無駄を省いて改良していくなど。

土星と海王星

解釈がもっとも難しいアスペクトです。

土星はルールを守ろうとします。海王星は輪郭があいまいな天体。つまり**ルールをあいまいにします。**しかし、これは、よい意味で古い習慣を壊します。悪くいえば不正や不透明さが出てきます。**いってもなかなかわからないような混乱が発生しやすい**です。ただし、このアスペクトを上手に使えている人も稀にいます。

０度

土星が枠で、海王星が時空を超えるだとすると、土星の枠を、海王星という消しゴムが消してしまいます。曖昧で不透明な感じなど。

60度

海王星のサインやハウスを意識して取り入れていくことで、土星のルールや枠が広がるなど。

90度

土星が固めるで、海王星が散らばせるだとすると、固めたり、散らばせたりするので要領が悪いなど。

１２０度

土星が着実で、海王星が夢だとすると、夢に向かってコツコツ努力するなど。

１８０度

土星が形にするで、海王星が溶けてなくなるだとすると、形にしたものを飛散させてあいまいにしていくなど。

土星と冥王星

土星が記録だとすると、冥王星はその記録を打ち破ろうとします。なので、強い努力をしていくことをあらわすアスペクトです。極度のプレッシャーとなる場合もあります。**「突破しよう」と苦しい努力をする**のです。

0度

土星が真面目にコツコツで、冥王星が徹底的だとすると、徹底的に努力するなど。

60度

土星が忍耐力で、冥王星がすごい力だとすると、イレギュラーなことが起きたときの、たゆまぬ忍耐力など。

90度

土星がこだわりで、冥王星が徹底的だとすると、変にこだわり過ぎてしまうなど。

120度

土星が維持力や耐久力で、冥王星がものすごい力だとすると、ものすごい維持力や耐久力など。

180度

土星が形にするで、冥王星が徹底的だとすると、何があっても限界を超えて推し進める力など。

天王星と海王星

海王星がイメージ、天王星が電気製品だとすると、パソコンでヴィジュアルを扱うような仕事に向くようになります。物質的にとらえられていないものを意識するという意味では**冴えた知性を刺激される**ことも。ただし、**このアスペクトは世代的に共通するの**で、個人の相性にはあまり関係しないことがよくあります。

では、各アスペクトの説明は、少し休憩させていただきます（笑）。

天王星と冥王星

天王星と冥王星は**破壊と再生のアスペクト**といわれ、わりに過激になりやすい傾向があります。つまり、天王星の改革意志に冥王星の強制力が加わるわけです。

ただし、**このアスペクトは世代的に共通するアスペクト**なので、個人の相性にはあまり関係しないことがよくあります。

天王星と冥王星のアスペクト自体は相性と関係ないですが、相手の月、水星、金星、太陽、火星とかかわると、相手にはけっこう影響は出るものの、本人は無自覚ってやつですね！

海王星と冥王星

世代的なアスペクトで、海王星のスピリチュアルな要素を、冥王星が極端に強めていきます。

しかし、かなりの世代で、この二天体は60度であることが多いので、結論として**お互いの相性を分析するときにはあまり使わないことが多いアスペクト**です。

第3章、長かったな〜。おつきゃめさまでした！

4章

相性を見るときのアドバイス

男女の相性（恋愛&結婚）

恋愛の相性というのは、その人がどんな「恋愛のかたち」を求めているかによって注目する天体が違います。

性的な相性を分析するという意味では、金星（女性）と火星（男性）のアスペクトを見るのが一般的です。 ただ、恋愛については、性的なもの以外の動機で相手に興味を持つという事例も多い。

女性のホロスコープで、好みの男性のタイプを示すのは火星であり、さらに、男性に対してどんな態度をとるかも火星があらわします。

さらに、女性の場合、自分自身の火星を仕事などで積極的に自分で使いまくっていると、恋愛に発展する男性（火星）との出会いが少なくなることがあります。

男性のホロスコープで、好みの女性のタイプを示すのは金星であり、さらに、女性に対してどんな態度をとるかも金星があらわす。 さらに、男性であれば、自分自身の金星を趣味などに積極的に自分で使いまくっていると、恋愛に発展する女性（金星）との出会いが少なくなることがあります。

こういった、「ややこしい原理」がまずありますよね。

ちなみに、**ある人の金星に対して、もう一人の火星が0度になる場合、お互いすぐに恋に落ちるパターンをたくさん見てきました。**

だけど、とりあえず全部の天体を見たほうがいいですね！　トーク（水星）に惹かれる場合もあるし、趣味（金星）が合うなどで惹かれることもありますし。

「恋愛としての相性」はよくないけれど、「結婚の相性」としてはいいなど、男女にはいろいろなケースがあります。

通常、女性にとって太陽は夫をあらわし、男性にとって月は妻をあらわします。天体の構図でいうと、月が太陽の周りを回って従属するという関係になるのですが、現実を見ると男女が逆になり、男性が月の役割をする事例もあります。

太陽が示す「人生の目的」を旦那さんに投影させないで、きちんと自分で使っている女性も多いですよね。**夫婦生活となると、一緒に生活するわけですから、月同士の相性がキーポイント。さらに水星はコミュニケーションをあらわすので、この相性も大事。**

そして、結婚してから運気が上がる人は、相手のホロスコープをすごく有効活用しているんだと思います。

わたしの知り合いは、旦那さんは自分のホロスコープの月をあまり使っていないのですが、その月はたくさんの天体とアスペクトをとって華やかです。その人と結婚した奥さんは、結婚してから生活が楽しく、イキイキと彩り豊かになりました。もし、離婚したら、また、元に戻ってしまう可能性は大いにありますね。

仕事の相性

仕事は、乙女座、さらに山羊座の支配星である**水星や土星に対する相手の惑星のアスペクトを見ていく。**

わたしの出生のホロスコープは、自分の思考や話したり書いたりする天体の水星に対して、相手の刺激天体である火星が発表衝動の180度にかかわる人といるとアイデアが出っぱなしになります。

あとは、自分の水星に対して金星180度でかかわる仕事の関係者もいまして、この場合、話をしていて面白いのですが、わたしの水星は山羊座なので、とくに仕事に関する話が面白くできますね。

あと、わたしのASC（79ページ参照）に木星を乗せてくる某出版社の編集者さんがいるのですが、その人と仕事をすると、全部トントント〜ンというぐあいに仕事が進んでいくんですよね。

金運がよくなる相性

金運を見るには、**牡牛座とその支配星の金星、さらに2ハウスなどが注目する項目になります。**木星を見るのも定番ですが、**「増やす天体」は木星のほかに金星や海王星もあります。これら**

も見ていくといい。

わたしは仕事で一番かかわっているAさんの木星と金星がわたしの2ハウスに入ります。後から調べてわかったことなんですけどね（笑）。

友人の相性

友人関係というのは基本的には60度のアスペクトです。「一緒には何かをするわけではないけど、協力関係」。特定の天体での60度関係は友だちになりやすい。

会うと元気をもらえるのは、自分の心や身体をあらわす月や、やる気や行動力をあらわす火星に対して、相手の冥王星が120度のアスペクトをとる場合（冥王星120度はパワーチャージアスペクト）。あと、**月同士が60度、120度は気が合います。**

さらに、月同士が0度の場合は、相手のホロスコープで月とのアスペクトに90度や180度で天体がある場合、それももれなくなだれ込んでくるので要チェック。

健康になる相性、不健康になる相性

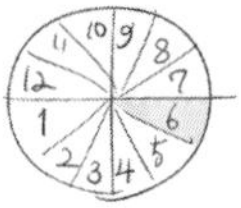

6ハウスが健康を意味します。そこに相手の天体がどう入るかを見ていく。土星が入ると、冷えたり不活発になったりします。「やり過ぎてけがをする」とかは火星がハードなアスペクトになったり、水のサインに対して火のサインがスクエア（90度）になったり。

相手の、減らす天体である土星が、わたしの6ハウスに入る人がいて、その人といるとわたしは食欲をなくし、どんどん痩せていくということがありました。

子どもや動物との相性

まずは自分の中の子ども的な要素、天体でいうと月、水星を自分がどう扱うかが問題になる。こういうところが相手の子ども（月、水星）とうまく共鳴すると相性はいいかもしれません。**動物との相性は基本的には月で考えます。**ただしこれは哺乳動物の例のみ。爬虫類とかは例外です。

自分の月を大切に扱える人は子どもや動物にも優しいです。

ちなみに、わたしの愛犬の「おおぽち先生」のホロスコープの天王星は、わたしのホロスコープの２ハウスに位置します。おおぽち先生を飼い始めてから、わたしはＯＬから起業へ向かう流れになってますね。

また、わたしの水星に対して、土星が１８０度にかかわり、勉強する方向性がかたまりました。それまで、いろんなことをちょっとずつ勉強していたのですが……。

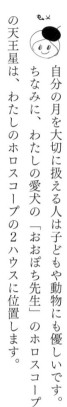

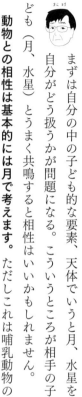

ペットとはいえ、一緒に住むわけですから、ホロスコープの影響はありますし、また、ペット自身のホロスコープを第2のホロスコープとして、有効活用できるという利点もあります。

ベストの相性のよくある末路 △ 120度

占星術でベストの相性の定番とされるものに**「120度のアスペクトが多いケース」**がありますが、これは退屈さもあり、お互いに対して**次第に無関心になっていきます。**何も起きないのは、お互いに自由にしていて、邪魔しないという関係では望ましいことです。

たとえば、月同士のアスペクトの場合、120度は〝慣れモード〟になりやすく、60度は120度よりはワクワク度が高めです。90度や180度は、刺激があるので、長く付き合っていても新たな発見があったりしますね。

そして、この本には出てきませんが、150度はお互いに説明し合わないと理解しづらい反面、共に成長し、2人の世界を作っていくことができます。

あ、そうそう、0度はそのサインのよい面にフォーカスされると楽しい一体感が得られますが（これがずーっと続いて、何十年も仲良しの人もいます）、よくない一面にフォーカスされたときは、それも倍増する感じがあります。

各サインもそれぞれ、プラスに使えている人とマイナスに使っている人がいます（たとえば、蠍座ならプラスなら信頼、マイナスなら依存など）。ベストな相性は、その人のサインの使い方、コンディションや時期によっても変化がありますので、一概にはいえません。

また、慣れや安心を求めるのか、刺激を求めるのかも人により好みがあります。

ワーストの相性のよくある末路

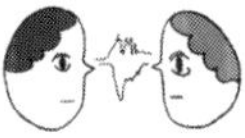

最悪の相性に見えるものというのは、相手の人生を変えてしまうケースが多い。つまり、これは**運命の相手**。「この人に

よって人生変わった」というのは、パターン的には悪いアスペクトです。

最悪な経験があったからこそ人生のパワーに変えて開運していく。**自分が本来進むべき道に進めるきっかけになるケースでもありますよね。**そのために、相手が悪役を演じてくれるというパターンもあります。

一方で、経済的理由や世間体、変化を恐れる気持ちから、「最悪な状態だけど、このまま関係性を続けていく」または「共依存」という流れになっていく場合も。

前者は、その経験に感謝することができ、自分の道に花を咲かせていくことができます。後者は人生の修行が続きます。

夫や妻が最悪の相性だったときは

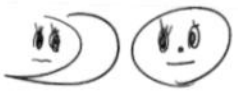

たとえば、月同士が妨害し合っているときには、「安心して休めない相手」「眠ろうとするときに一番警戒するべき相手」

になります。わたしは**配偶者に関しては、この月の問題が一番重大**だと思います。

火星に相手の土星が乗っかっている場合（＝0度）は、無意識の圧を与える……、つまり火星側にストレスがかかります。やっぱり、**火星を抑え込まれると、厳しい。**

ただし、180度のアスペクトの場合は、相手（土星側）の圧力を知りながら相手のいうとおりにしている感じなので、この場合は作戦を考えればいいかなという感じ。

実例を見ると、**相性がいいと思えないカップルはとても多い。**でも、結婚している場合は、時間帯をずらして相手が寝ているときに起き、相手が起きるときに寝るみたいな感じで、うまくやり過ごしているケースはたくさんある。この場合、**「会話が少ないので助かる」「無関心でいてくれて助かる」という効果もあったりする。**

相手に求めるものは人によって違うので、実際には実例を見て、相手に何を要求するのかで判断しないとアドバイスはできないですね。

2人でいるときの化学変化が最悪の場合は、もう1人追加すると緩和されたりします。ペットでもOK！
ただ、どうしても一緒にいるのがしんどかったら、〝解散〟するのが一番ですね。他に相性のいい人っていっぱいいますから。

彼や彼女が最悪の相性だったときは

金星に対してはあまり気にならないけど、**自分の水星とか火星とかにストレスかける相手と長く付き合っていると、いらいらが募ることも。**基本的に、火星と土星はストレスや緊張を、金星や木星はリラックスを与えます。

そもそも、恋愛は楽しむものなので、苦しみを感じるような関係ならば、**まず自分のホロスコープをきちんと自分で使っているかどうか確認してみる**と、自分の天体のどれかを相手が演じてくれている可能性があります。
その場合は、その天体を相手に預けるのではなく、自分で使いこな

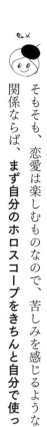

すこと。これで、相手の演出、つまり態度や行動が変わってきます。

そして次に、自分の天体に対して相手の天体の関わりをチェックして、「あ〜、だからこうなるのね！」と納得をしてしまうと、少し緩和されますし、お互いのパターンが見えてきます。

あと、**恋愛をつかさどる金星に対して、相手の冥王星が180度でかかわってくる場合は少し注意**ですね。冥王星は「とことんやる天体」ですし、180度は衝動的でノンストップ。金星側が冥王星側の人に主導権を完全ににぎられてしまう（自己評価が低い人はこのどつぼにはまりやすいです。なぜなら、恋愛相手の自分に対する評価に自分の価値があるかないかを委《ゆだ》ねてしまうからです）と相手にはまりまくって、何でもいうことを聞いてしまったり、振り回されることがあります。通称、恋の奴隷。その状態に気がついて相手に主導権を完全に預けず、自分の意見をしっかりいえるようにシフトすれば状況はよくなります。このとき、必要なことは、〝嫌われる勇気〟です。この勇気を持つことで、主導権を取り戻し、恋に悩まなくなった人をわたしはたくさん見てきています。

上司や部下が最悪の相性だったときは

ある人の水星に、上司の土星が重なったケースでは、その人が出した企画を上司はすべて却下しました。なので、その人は会社を辞めました。その会社に勤める前の会社の上司は、その人の水星に木星を重ねていて、企画は通してくれていたらしいです。

上司側から見ると、自分の火星に対して土星を乗せてくる部下の場合、部下の存在により、何か押さえつけられている気がすることも。とくに仕事ができる部下だったりすると、上司の劣等感を刺激することがありますよね。

土星側の天体の人には自覚がありません。

あとは、自分の太陽に対して相手の冥王星が180度でかかわってくると、なんともいえない強制力を感じるというか、なんとなく逃げられないストレスを感じやすいですね。

土星と同様、冥王星側の天体の人は無意識で行動しますし、冥王星は公転周期が長く、同世代の人はみな同じ傾向なので、そのくらいの年齢の人とかかわるとそうなるということもありますが……。

部下については自分の6ハウスを見ます。この6ハウスに散漫な惑星がくると効率が落ちるケースがあります。たとえば、**上司の太陽に部下の海王星が0度だと、部下が上司を混乱させる場合も。**

ちゃんとコミュニケーションがとれるなら、部下のミスがあったりだとか、上司につっかかってきたとしても、理由がわかるのですが、水星の組み合わせによって意思疎通がうまくいかなかったり、勘違いからケンカに発展したりと、お互いにストレスが溜まります。

上司のときと同様、**上司の土星が部下の火星に乗っかってくる（＝0度）と、部下は無意識でも押さえつけられている感じやマウンティングされているように感じて、ストレスになることがあります。**

上司や部下は選べないかもしれませんが、合わない理由を知ることで納得したり、転職に踏み切れたりするので、参考にしてください。

友人・知人が最悪の相性だったときは

火星が衝突してくる関係は我慢できないことが多く、一番チェックするべき項目です。たとえば、火星に対して土星がハードアスペクト（90度や１８０度）を持っている相手が、自分の火星と重なる（＝0度）と、相手の存在そのものが怒りを呼び起こします。

水星に対して相手の天王星が90度でかかわっている人がいまして、その人は相手と話せば話すほど、神経が錯乱していました。

また、別の方になりますが、太陽に対して相手の火星が90度でかかわっている人がいまして、相手から感情を逆なでするような言葉を投げかけられ、会えば会うほど苦痛を感じていました。

天体の使い方は人それぞれなところもありますので、あくまでも一例です。

友人・知人の関係で苦痛を感じると、相手の性格を変えようとする人がいますが、人を自分の思いどおりにすることはできません。「自分は○○という気持ちになる」など、自分の気持ちを率直に伝えることは相手をコントロールしようとしているわけではないのでいいでしょう。

そして、どうしても合わない人とは、距離を取るという選択をお勧めしています。そうすることで、荒れ狂う心が平和になった人をわたしはたくさん見ています。

調味料でもなんでも、どうしても合わない組み合わせってありますからね。

おわりに

生まれたときのホロスコープは「出生図」といわれていますが、かかわる相手との相性によって、生まれつきの資質の発揮のしかたも、どんどん変わってきます。

なので、自分1人のホロスコープだけを見て考えるよりは、自分がかかわる人、所属する会社、あるいは飼っているペット、愛読している本の作家などによっても変化すると考え、自分の資質を開発するにあたって、もっと積極的に使うのがいいでしょう。

この場合、基本となるのは自分の出生図と相手の出生図の組み合わせで、これを「二重円」といいます（16ページ⑪参照）。二重円で自分と相手がどのように影響し合っているのかを考えていくことからスタートします。

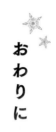

3章にまとめたように、アスペクトの種類はたくさんありますが、ある人がうまく使えなくても、違う人はそれが得意ということもあり、相性は「一概にこうなる」と決めつけることはできません。

でも、ともかく個人が持っていないと思われる可能性を、第三者とのかかわりのなかで開発することができるのは明らかです。

「相性がいいから付き合う・付き合わない」という発想だけにとどまらず、自分の人生の可能性を増やすための一助に本書が役立てるようであれば幸甚です。

2018年1月

松村　潔

キャメレオン竹田（きゃめれおん　たけだ）
占星術研究家。作家。波動セラピスト。イラストレーター。旅人。株式会社トウメイ人間製作所 代表取締役。国内外の聖地をめぐりながら楽しく開運&次元上昇することをライフワークとしている。会員制オンラインサロン（キャメサロン）を主宰するほか、テレビ・ラジオ番組の出演、書籍の執筆、雑誌の連載、アプリ監修など幅広く活躍。全日空公式サイトにて「キャメレオン竹田のANA旅占い」も連載中。著書は『神さまとの直通電話: 運がよくなる《波動》の法則』（三笠書房）など多数。

松村　潔（まつむら　きよし）
1953年生まれ。西洋占星術、タロットカード、神秘哲学における日本の第一人者。西洋占星術においては古典的な解釈にとらわれず、古今の宇宙思想をふまえた、壮大な体系を構築する。西洋占星術やタロットカード等にまつわる書籍を多数執筆。

占星術《せんせいじゅつ》が教《おし》えてくれる 相性《あいしょう》のひみつ

2018年2月1日　初版発行

著　者　キャメレオン竹田
松村　潔
発行者　吉田啓二

発行所　株式会社日本実業出版社　東京都新宿区市谷本村町3−29 〒162-0845
大阪市北区西天満6−8−1 〒530-0047
編集部　☎03-3268-5651
営業部　☎03-3268-5161　振　替　00170-1-25349
http://www.njg.co.jp/

印刷・製本／三晃印刷

この本の内容についてのお問合せは、書面かFAX（03-3268-0832）にてお願い致します。
落丁・乱丁本は、送料小社負担にて、お取り替え致します。

ISBN 978-4-534-05556-9　Printed in JAPAN

日本実業出版社の本

いつ始めればいいか?　願いがかなう・目標が実現する
「運のいい日」がわかる本

柳川隆洸　定価 本体 1500円（税別）

結婚や会社設立、引っ越しなど、必ず成功させたい「重大なこと」をスタートするのに最適な日を、帝王学の１つとして発展し、約4,000年の歴史を持つ占星術をもとに解説。人生を左右するイベントが控えている人は、本書を読んでからスケジュールを組もう！

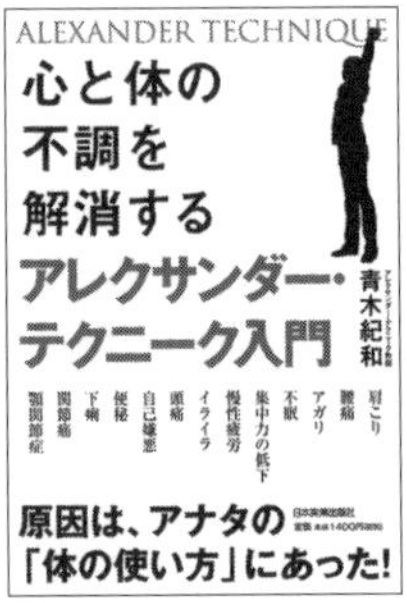

心と体の不調を解消する
アレクサンダー・テクニーク入門

青木紀和　定価 本体 1400円（税別）

心身の不要な緊張を取り除き、腰痛・アガリ・不眠などの不調を解消するボディワークとして、音楽家などが取り組んでいる「アレクサンダー・テクニーク」を、一般読者向けに解説。仕事や生活をするうえで、常に高いパフォーマンスが維持できるカラダをつくる！

最高の声を手に入れるボイストレーニング
フースラーメソード入門〈DVD付〉

武田梵声　価格 本体 1800円（税別）

「アンザッツ」と呼ばれる７つの声を真似ることで、幅広い声域、豊かな声量、ビブラートなど多彩な声を、訓練次第で誰でも手に入れられるのが、フースラーメソード。そのエッセンスをまとめた本格ボイストレーニングの入門書。

※定価変更の場合はご了承ください。